Das Leben ist ein großer Witz,
man versteht ihn nur nicht immer.

JAN MICHELS
ÜBER'S FELD
IN DIE WELT
VOM DORFJUNGEN
ZUM REISEJUNKIE

Bibliografische Information der Deutschen Nationalbibliothek:
Die Deutsche Nationalbibliothek verzeichnet diese Publikation in der Deutschen Nationalbibliografie; detaillierte bibliografische Daten sind im Internet über dnb.de abrufbar.

Verlag: BoD · Books on Demand GmbH, In de Tarpen 42, 22848 Norderstedt, bod@bod.de

Druck: Libri Plureos GmbH, Friedensallee 273, 22763 Hamburg

ISBN: 978-3-7597-6086-9

MIX
Papier aus verantwortungsvollen Quellen
Paper from responsible sources
FSC® C105338

♦ Inhalt ♦

♦ Vorwort ♦

Als Junge vom Dorf kannte ich nur die wichtigsten Dinge des Lebens: Kuh Berta, Schaf Rita und Rainer, der fast täglich betrunken von der Kneipe mit seinem Fahrrad an unserem Haus vorbeigefahren ist. Das prägte meinen Alltag – dazu mein betrunkener Vater und eine weinende Mutter, die verzweifelt zuhause saß. Kleiner Witz am Rande! Ich hatte eine wunderbare Kindheit und durfte schon früh durch die Weltgeschichte reisen. Meine Eltern haben darauf bereits früh einen großen Wert gelegt und mindestens einmal im Jahr sollte es heißen: „Kinder packt die Taschen, wir fahren zum Wandern nach Österreich". Wandern – das war als Kind wohl das Schlimmste, was einem angetan werden konnte. „Wofür zur Hölle laufe ich hier immer weiter und gucke blöd durch die Gegend?" Wenn es dann ab und zu auch mal nach Ibiza oder Mallorca ging, hieß es: „Geh' mal Bier holen" – ach ne, das war noch ein paar Jahre zu früh für mich. Aber Sonne, Meer und Strand haben mir als Kind deutlich besser gefallen. Einfach in die Wellen werfen und die Hitze genießen. Worauf ich eigentlich hinaus möchte: Schon früh war ich in der Weltgeschichte unterwegs, konnte mir aber nie vorstellen mal woanders zu leben. Mein Zuhause war mein kleines Dorf in der Eifel, mein 1000-Einwohner-Kaff. Der Fleck Erde, wo ich alles und jeden gekannt habe. Im Laufe meines Lebens und im sogenannten „Erwachsenenalter" – wann auch immer man das erreicht haben soll – habe ich allerdings festgestellt, dass ein Blick über den Tellerrand und über die Felder hinweg sich äußerst lohnen kann.

Durch die verschiedensten Reisearten und Touren in den letzten Jahren, durfte ich viele Dinge erleben. Einige Sachen waren schön und witzig, manches auch kurios und angsteinflößend. Mein Kopf aber war immer dabei und hat in den Tiefen meines Hirns alles abgespeichert.

♦ Wie lese ich dieses Buch? ♦

Keine Panik! Dieses Buch musst du nicht von rechts nach links lesen, oder von unten links nach oben rechts, sondern ganz einfach so, wie du jedes andere Buch auch lesen würdest. In jedem Kapitel erwartet dich ein neues Reiseabenteuer.
Zusätzlich findest du auf manchen Seiten QR-Codes, die du mit der Kamera deines Smartphones scannen kannst. Dadurch gelangst du unter anderem zu kleinen Videos, in denen ich dich filmisch auf die im jeweiligen Kapitel beschriebene Reise, mitnehme.

Und jetzt wünsche ich dir viel Spaß bei meinen Reisen der letzten fünf Jahre,

Jan

♦ Oktober 2018 ♦

-

Mutti! Ich wandere über die Alpen!

2018 war ich voll im Studium der Medienwissenschaften in der Metropole Siegen angekommen und wollte dort meine Studienzeit verbringen. Um ehrlich zu sein war der Numerus Clausus für diesen Studiengang in Köln zu hoch, deswegen musste ich nach Siegen. So, jetzt aber genug von den unnötigen Fakten. Mein heutiger bester Freund Lukas hatte zu diesem Zeitpunkt die glorreiche Idee einmal vom Münchener Marienplatz bis zum Markusplatz in Venedig quer über die Alpen zu laufen. Ich fand die Idee super krass, gleichzeitig aber auch verstörend. Und trotzdem entschied ich mich dazu, ein Teil von diesem wahnsinnigen Trip zu sein. Eigentlich ging die Tour 6 Wochen, ich bin allerdings erst ab der Hälfte in der dritten Woche mitgelaufen. Ein fataler Fehler, wie sich bereits früh herausstellen sollte. Es war nicht wirklich schlau bei einer solch' extremen Tour erst bei der Hälfte einzusteigen. Lukas und Damian, meine beiden Begleiter, hatten nach drei Wochen täglichem Wandern logischerweise schon ein ganz anderes Tempo drauf. Dazu aber später mehr. Nachdem ich meiner Mutter sagte „Mutti, ich wandere über die Alpen", war sie noch nicht so wirklich überzeugt von meinem Plan und für ein solches Vorhaben sollte erst einmal eine vernünftige Ausrüstung her: Campingkocher, Isomatte, Trinkflasche, Wanderstöcke, Schuhe, eine Sonnenbrille und zig weitere Kleinigkeiten, die in meinen Wanderrucksack reinpassen sollten. Diesen Rucksack und den Schlafsack hatte ich mir bei

Freunden geborgt und war der festen Überzeugung, dass das doch reichen sollte. Ich muss ehrlich sagen: Vorbereitung war bei meinen Reisen nie so wirklich mein Ding und zum Glück hatte meine Mutter bei dieser Aktion auf mich eingeredet, denn dadurch wurden mir später einige Schwierigkeiten erspart.

Reisebus fahren: Das kann ich sehr empfehlen

Eine Woche später, nach dieser riesigen Einkaufsaktion, saß ich schon super motiviert im Reisebus in Richtung Bozen (Italien). Zum damaligen Zeitpunkt, als ich am Anfang meiner Reiseerfahrungen stand, hat mir das Reisen mit dem Fernbus noch sehr viel Freude bereitet und ich hatte Lust mit jedem auf der Fahrt irgendwie ins Gespräch zu kommen. Wenn ich heute in einem dieser Busse sitze, bin ich froh, wenn der Busfahrer kein Deutsch sprechen kann und somit auf seine Durchsagen verzichtet und mich wirklich niemand anspricht, denn Bus fahren ist nicht cool. NICHT COOL! Es ist ganz einfach die Transportmöglichkeit für die Reisegruppe, die sich sonst kein anderes Transportmittel leisten kann oder will und sonst sehr wahrscheinlich niemals ans Ziel kommen würde.
Ich saß also in diesem wunderschönen Bus in grasgrüner Farbe auf dem Weg nach Italien, um dort in der Nähe meine beiden Freunde Lukas und Damian zu treffen. Einige Stunden später und nach ein paar von mir versuchten Gesprächen mit meinen Sitznachbarn, sah ich die beiden Kollegen auf einer Bank in der Sonne liegen. Wir begrüßten uns mit ein paar qualitativ hochwertigen Gags, wie zum Beispiel „ah,

Wandern ist ja ne super Sache“ oder „meine Füße fühlen sich so schön geschmeidig an“ – die Ironie war nicht zu überhören und die letzten Tage waren an Lukas und Damian nicht spurlos vorbeigegangen. Zu dem Zeitpunkt war ich noch so voller Elan und habe diese Tour irgendwie nicht wirklich ernst genommen. Ich dachte: „Ach komm, so ein bisschen durch die Berge spazieren mit Übernachtungen im Zelt und einem 15 Liter Rucksack, das kann doch wohl nicht schwer sein.“ Lukas hatte mir bereits Monate vor dem Start dazu geraten, dass ich mich körperlich vorbereiten sollte. Habe ich ja auch gemacht: Mit 10 Minuten Joggen in der Woche. Das Lachen sollte mir ziemlich schnell an diesem ersten Tag der Wanderung vergehen.

Der Anfang mit einer Menge Motivation!

Lukas und Damian hatten, wie bereits erwähnt, schon ein ziemlich strammes Tempo drauf, da die beiden bereits seit 3 Wochen unterwegs waren. Der erste Anstieg mit schwerem Gepäck und einer kurzen Klettereinheit ließ erste Zweifel an meinem leichtsinnigen Vorhaben aufkommen. „Vielleicht hätte ich doch zwei 10-minütige Jogging-Einheiten in die Woche einbauen sollen, oder besser direkt einen Halb-Marathon". An diesem ersten Tag dachte ich in einigen Momenten, dass meine Beine automatisch laufen und ich gar keine Schmerzen mehr spüre. Wir mussten ganz unten vom Tal nach ganz oben hoch in die Berge. Ich kann mich noch genau daran erinnern, als ich die letzten Meter auf einer Wiese hochgekrochen bin und dann das Zelt aufschlug. Lukas und Damian waren fit wie am Morgen und ich sah aus wie Ötzi aus dem Eis, der nach Jahren des Ruhestandes nochmal auf Wanderschaft gehen wollte. „Jetzt aber Schluss für heute und schön entspannen", dachte ich mir. Das es sich bei dieser Tour nicht um einen 5 Sterne All-inclusive Urlaub handelte, das wollte ich in diesem Moment mehr als nur vergessen. Statt Buffet gab es trockenes Brot mit kaltem Pesto, ein undichtes Zelt und einen viel zu kalten Schlafsack inklusive Rückenschmerzen. Zu diesen physischen Schmerzen und Komplikationen setzten die vor dem Zelt herrschenden Zustände noch einen obendrauf. Es regnete zwar nicht, aber eine Kuh mit einer Glocke um den Hals ruhte sich knapp zwei Meter neben unserem Zelt ganz entspannt aus. Wenn die über mein kleines Schlafgemach gestolpert wäre und sich auf mir niedergelassen hätte, wäre ich zwischen den ganzen Kuhfladen wahrscheinlich nie mehr gefunden worden. Ich habe in dieser ersten Nacht keine Sekunde die Augen zugemacht.

Meine erste Übernachtung. Wenn man genau hinschaut, kann man in der Mitte vom Bild die Kuh entdecken.

An meinen ersten Tag und meine erste Nacht dieser außergewöhnlichen Wanderung kann ich mich somit rückblickend noch genau erinnern. Die folgenden Tage liefen auch nicht ereignislos ab, aber bei jedem Tag genau ins Detail zu gehen, würde den Rahmen dieses Buches sprengen. Ich fokussiere mich also auf die meiner Meinung nach für euch spannendsten und ich betone RÜCKBLICKEND lustigsten Ereignisse. Kurz zusammengefasst waren die Tage geprägt von dem Morgen, der mich mit kalten, nassen Schuhen, einem feuchten Zelt und Nüssen als Frühstück begrüßte. Dem Mittag, der schmerzende Füße, mal Regen mal Sonne und ekliges Essen mit sich brachte und dem Abend, der ein sehr ungemütliches Schlafgemach für mich bereithielt. Wir haben in alten

Holzhütten, Ställen, unseren Zelten, zwischen Felsen, an Seen und ab und zu mal in Schutzhütten übernachtet.

Eine ganz besondere Nacht

Eine dieser Nächte werde ich allerdings niemals mehr vergessen. Nach der Hälfte meiner zurückgelegten Strecke hatten Damian und Lukas bereits drei Viertel hinter sich und ich frage mich bis heute, wie die beiden noch frohen Mutes sein konnten, nachdem ich bereits nach der Hälfte der Hälfte kaum noch Motivation aufbringen wollte. An dieser Stelle noch ein kurzer, interessanter sowie für den ein oder anderen witziger Side-Fact: Damian ist die gesamte Strecke mit Barfußschuhen gelaufen, womit er bei einigen Wanderern, die uns begegneten, zum Gesprächsthema Nummer eins wurde. Das lasse ich jetzt mal so stehen. Ob mit oder ohne Barfußschuhe, jeden Abend mussten wir uns irgendwo ausruhen und erreichten am Ende eines Tages eine verlassene Holzhütte. Ich hatte meine Ansprüche, was meine Grundbedürfnisse anging, mittlerweile sowieso irgendwo auf dem Weg der letzten 100 Kilometer liegen gelassen, aber für meine beiden Begleiter war die Hütte der totale Luxus. Wir öffneten die Tür und uns kam ein alter, muffiger Geruch entgegen. „Schön hier“ meinte Damian. Gemütlich war es überhaupt nicht. Es war dunkel, alles in schwarz, dreckig und alt, aber wir hatten immerhin ein Dach über dem Kopf.

Damian nahm sich eine alte, von Mäusen durchlöcherte Matratze und richtete sich im noch dreckigeren zweiten Stock sein Schlafzimmer ein. Lukas und ich legten unsere Iso-Matten auf den Boden des sogenannten Wohnzimmers und warteten auf unseren Tod. Moment, vorher passierte noch etwas anderes, was im Nachhinein wahrscheinlich der ausschlaggebende Faktor dieser unheimlichen Nacht werden sollte. Wir mussten noch etwas essen und hatten die unfassbar schlaue Idee, unser Essen in einer der super sauberen, verrosteten Pfannen auf unserem Ofen zuzubereiten. Einmal die Pfanne mit Wasser durchspülen, ein bisschen Holz sammeln, Salami mit ein wenig Knoblauch „schnibbeln“ und ab auf den Herd. Wundervoll! Das wir an dem Abend keine Lebensmittelvergiftung bekommen haben, wundert mich bis heute. Um ehrlich zu sein, wundere ich mich generell über unsere damalige Leichtsinnigkeit auf dieser gesamten Reise. Und die Leichtsinnigkeit sollte auch an diesem Abend siegen. Das dreckige Geschirr, inklusive Pfanne und Essensreste, stellten wir vor die Tür der Hütte, legten uns in unsere „Betten“ und ich persönlich wollte, dass die Sonne nach ein paar Sekunden wieder aufgeht. Lukas und Damian schien das grausame Ambiente keinen Meter zu interessieren. Ich betone meine Gefühlslage nochmal: Ich wartete darauf, dass der Sensenmann jeden Moment an der Tür klopft. Irgendwann nach mehreren Minuten, die mir wie Stunden vorkamen, schloss ich der Erschöpfung geschuldet dann allerdings doch meine Augen und trat ins Land der Träume ein. Ende.

Nein, kein Ende. Mitten in der Nacht hörte ich ein dumpfes Stampfen vor der Hütte. Ich saß sofort kerzengerade auf meiner Matte und schaute nach draußen. „Nichts zu sehen… kein Wunder, es ist ja auch stockdunkel“, dachte ich. Lukas schlief seelenruhig neben mir und Damian hörte ich ein Stockwerk weiter oben laut schnarchen. Ich legte mich zurück in meinen

Schlafsack und zog die Decke über meinen Kopf. Nach dem Motto „Jetzt sieht mich garantiert Niemand". Wieder das dumpfe Stampfen. „Da ist was vor unserer Tür, das ist keine Einbildung", schoss es in meine Gedanken. Ein paar Sekunden später hörte ich ein dazugehöriges tiefes Schnaufen... mein Herz schlug mir bis zum Hals und wenn ich gekonnt hätte, hätte ich mir wahrscheinlich direkt in die Hose geschissen. „Die dreckige Pfanne und die Essensreste haben garantiert irgendein Tier angelockt", dachte ich. „Wie dumm sind wir eigentlich".

„Lukas, Lukaaaas", flüsterte ich.

„Was ist??", antwortete er verschlafen.

„Da ist irgendein Tier vor unserer Tür und es ist kein Hase".

„Dann ist es bestimmt ne Bergziege" , witzelte Lukas und ignorierte meine Sorgen mehr oder weniger.

Wieder das Schnaufen! Dieses Mal lauter und dazu ein aggressives, noch dumpferes Stampfen.

„Ok, da ist wirklich irgendwas vor der Tür" , flüsterte Lukas. Die Tür war nicht gesichert und was auch immer da draußen auf uns wartete, hätte nur einmal kurz gegen die Bretterwand pusten müssen und wäre schon in unserer Schlafkammer gewesen. Ich stand also ganz ruhig und langsam mit den Tiergeräuschen im Hintergrund auf, nahm eine Sitzbank und einen Wanderstock und versperrte die Tür, so als wären wir damit nun in Sicherheit.

„Vielleicht ganz kurz mal mit meiner Taschenlampe nach draußen leuchten?" Das wäre ja noch dümmer gewesen, als mit einer Bank und einem Wanderstock die Tür zu versperren. Herzlichen Glückwunsch, Jan. Ich legte mich wieder hin und konnte, warum auch immer, irgendwann einschlafen. Am Morgen schaute ich vor die Tür und die Essensreste waren weg. Es war also definitiv ein Tier in der Nacht anwesend – was es war, das wissen wir bis heute nicht. Wir haben allerdings Tage später im Internet nachgelesen, dass es in dieser Region, wo wir zu dem Zeitpunkt unterwegs waren, Braunbären gab und man keine Essensreste irgendwo liegen lassen sollte. Besonders kein Fleisch. Und für die Spannung der Geschichte würde ich an dieser Stelle einfach mal behaupten, dass es sich bei diesem Tier um einen Braunbären handelte.

Der Ort des Geschehens. Wenn keine Bären anwesend sind, spukt es hier oder ein paar unschuldige Wanderer liegen auf von Mäusen durchlöcherten Matratzen

Ein lebensmüdes Abenteuer

Diese Geschichte vom hungrigen Braunbären war auf jeden Fall das prägendste Ereignis dieser Wanderung, auch wenn es noch viele weitere Erlebnisse gibt, die mir einfallen, wenn ich über diesen Trip nachdenke. Situationen, in denen ich mich aus Versehen von meinen Wegbegleitern getrennt hatte und panisch zum nächsten Unterschlupf gerannt bin, weil es plötzlich sehr dunkel um mich wurde. Sprich': die Wolken zogen auf und wenn man in den Bergen auf einer gewissen Höhe wandert, dunkle Wolken aufziehen und es blitzt, sollte man sich so schnell wie möglich in einen geschützten Raum begeben. Viele Aktionen waren leichtsinnig. Apropos leichtsinnig: Da fällt mir noch der Tag ein, an dem wir klettern mussten, damit wir unserem Weg folgen konnten. Da kein Platz mehr im Rucksack war, klemmte Lukas mein Zelt einfach unter seinen Arm und kletterte mit einer Hand entlang der Eisenseile. Das fanden wir so lange witzig bis zu dem Zeitpunkt, als uns eine geführte Wandergruppe entgegenkam und der Begleiter dieser Truppe uns darauf hinwies, dass man hier eigentlich nur mit Helm und besser mit Sicherung unterwegs sein sollte. Lukas und ich guckten verdutzt, während der Bergführer auf das Zelt unter Lukas Arm mit weit aufgerissenen, erschrockenen Augen schaute.

Einarmig klettern fanden wir super

Wir waren ziemlich oft ziemlich lebensmüde und hatten scheinbar des Öfteren einige Schutzengel an unserer Seite, denn bis auf ein paar kleine Stürze oder Ausrutscher und Blasen an den Füßen sind wir komplett unversehrt von dieser Tour heimgekehrt. Meine damaligen mit Kabelbinder und Tape reparierten Wanderschuhe hat meine Mutter übrigens nach meiner Rückkehr an der Decke im Wintergarten meiner Eltern als Dekoration aufgehangen. Vielleicht war auch in den Schuhen ein Schutzengel, denn diese hatte ich zuvor von einem Bekannten geerbt, der kurz zuvor verstorben war. Diese Schuhe haben mich und ich sie bis auf 3152 Meter - den höchsten Punkt unserer Wanderung - getragen und mich wieder heil nach Hause gebracht.

Die legendären Schuhe

Ein K(r)ampf, der sich lohnt

Wenn du mal den Kopf einfach viel zu voll haben und nicht genau wissen solltest, wie deine Pläne fürs weitere Leben aussehen, dann kann ich dir eine solche extreme Wanderung nur empfehlen. Ich habe auf dieser Wanderung Seiten an mir entdeckt, die ich vorher überhaupt nicht gekannt habe und konnte tief in mich hineinblicken. Mir blieb nichts anderes übrig, denn 90 Prozent des Tages habe ich mit dem Laufen verbracht. Oft gab es ewig lange Abschnitte, wo wir in der Gruppe nicht miteinander geredet haben und ich dazu gezwungen war, mich mit meinen Gedanken auseinanderzusetzen. Dadurch durfte ich viele Erkenntnisse sammeln und ich hätte niemals gedacht, dass dies so viel leichter in luftiger Höhe, kombiniert mit sehr starker Anstrengung und an der frischen Luft, funktioniert. Außerdem wurde mir mein Durchhaltevermögen extrem bewusst. Ich war körperlich, wie ja bereits am Anfang dieses Kapitels erwähnt, gar nicht auf eine solche Wanderung vorbereitet. Rückblickend muss ich sagen, dass ich die Tour nur durchziehen konnte, weil meine mentale Stärke zum Vorschein gekommen ist. Zum Teil haben mir die Beine und der Rücken so weh getan, dass ich mir diese Körperteile am liebsten rausgerissen hätte und ich konnte kaum noch ein Bein vor das andere setzen. Aber mein Kopf war auf der anderen Seite und hat mir gesagt, dass ich das durchziehen kann und auch schaffe, wenn ich es nur will. Somit wurde mir durch diese Alpenüberquerung bewusst, zu was man alles fähig ist, wenn man es nur will. Der Kopf und die mentale Stärke in uns steht über allen anderen

Dingen. Wir können uns die Umstände, die wir zum Erreichen unserer Ziele brauchen, selbst schaffen. Wir können alle dorthin, wo wir hinmöchten. Und wir können uns die richtigen Leute in unser Umfeld nehmen, damit wir dort ankommen, wo wir hingehören. Da fällt mir zum Schluss dieses Kapitels noch genau der Tag ein, an dem ich wirklich nicht mehr konnte. Meine Beine streikten, ich setzte mich auf einen Felsen und konnte nicht mehr aufstehen. Vor mir lag allerdings ein sehr langer und steiler Anstieg und Lukas und Damian waren schon weit vorgelaufen. Plötzlich stand eine Frau vor mir, die mich packte und mir geholfen hat aufzustehen. Sie sprach einige motivierende Worte zu mir und schob mich fast den gesamten Hang hoch. Meine Beine bewegten sich die einzelnen Stufen nach oben, aber ich wusste ehrlich gesagt nicht, wie das gerade überhaupt funktionierte. Ohne diese Frau wäre ich wahrscheinlich an diesem Tag nicht mehr am Ziel angekommen und wäre irgendwo im Hang versauert.

Der höchste Punkt der Wanderung

♦Februar bis April 2019: München♦

-

Zum ersten Mal allein in einer großen, fremden Stadt leben

Nach dieser Wanderung im Herbst 2018 hatte ich das Gefühl, dass mein Kopf irgendwie frei war. Ich hatte andere Ideen, andere Gedankengänge und mein Leben sollte sich in eine andere Richtung ausrichten. Zu dem Zeitpunkt war mir dies noch nicht wirklich bewusst, aber rückblickend war es genauso. Wie oft ist es im Leben so, dass die Dinge erst Sinn ergeben, wenn wir zurückschauen? Die Alpenüberquerung hatte in mir den Abenteurer geweckt, der wohl scheinbar immer in mir steckte. Nur vergraben unter den gewöhnlichen Vorstellungen eines normalen Werdegangs „à la" Schule, Abitur, Studium, Job. Ich wollte mehr von der Welt sehen, mich neuen Herausforderungen stellen und meinem Instinkt folgen. Mein Reiseherz schlug ab Ende 2018 stärker als je zuvor und ich war bereit zum ersten Mal in einer großen Stadt, fern von meiner Heimat zu leben. „Step by step": Erstmal war ich in Deutschland unterwegs. Es ging für mich für ein Praktikum bei einem bekannten deutschen Fernsehsender nach München. Während dieser Zeit dort, durfte ich viel über die Fernsehbranche lernen. Was mich weiterhin deutlich mehr interessierte war das, was drum herum passierte. Die Menschen, die Stadt, die Kultur in Süddeutschland. Ich möchte an dieser Stelle im Buch nur verdeutlichen, dass für mich zu diesem Zeitpunkt und durch dieses Praktikum klar wurde, dass ich meinen eigenen Weg gehen wollte, fernab von jeglichen festen Strukturen. Das war mein wichtigstes Learning aus dieser Zeit und daher ist dieses Kapitel nur ein kleiner Zwischenstopp mit einer Überleitung zur nächsten Reise.

♦ August 2019: Roadtrip Portugal ♦

-

Die längere „Siesta“ mim‘ alten „Fiesta“

August 2019. Nach dem Praktikum in München hatte ich nun Zeit in meiner Studentenstadt Siegen nochmal ein wenig Fuß zu fassen. Aber, wenn ich ehrlich zu mir gewesen wäre, dann wollte ich das eigentlich überhaupt nicht. Das ständige Kribbeln in mir und der damit verbundene Drang nach Freiheit ließen mich nicht ansatzweise zur Ruhe kommen und ich hatte nicht das Bedürfnis, in Siegen Wurzeln zu schlagen oder richtige Kontakte zu knüpfen. Ich wusste immer, dass diese Stadt nur eine kleine Zwischenstation ist und ich ohne mein Studium nicht dortbleiben würde. Außerdem wollte ich noch so viel von der Welt sehen und im besten Fall niemals irgendwo ankommen. Also hatte ich im Sommer 2019 die verrückte Idee mit meinem alten Ford Fiesta und meiner damaligen Freundin noch weiter als nach München zu fahren: Bis an die portugiesische Küste und einmal zurück! Eine Strecke von insgesamt 5000 Kilometern. Das alles in nur vier Wochen.

Und ich als alleiniger Fahrer. Hatte ich vielleicht einen kleinen Dachschaden?

Warum einfach, wenn es auch kompliziert geht?

5000 Kilometer in vier Wochen. Und damit noch nicht genug: Schlafen im Zelt wäre ja zu langweilig und auch irgendwie zu einfach gewesen. Ich wollte den Fiesta so umbauen, dass man darin auch übernachten konnte. Sozusagen zu einem Microcamper. Das wir aber unser ganzes Gepäck und auch Verpflegung einpacken mussten, das hatte ich beim Umbau zwar auf dem Schirm, jedoch ein wenig unterschätzt. Aus altem Holz und verschiedenen Brettern schraubte ich eine Vorrichtung zusammen, die meinen Flitzer aus dem Nichts in ein mobiles Schlafzimmer verwandelte. Allein habe ich dort auch sehr gut drin liegen können und es war genug Platz. Zu zweit erstickten wir allerdings fast, aufgrund von Platzangst. Mein Vater hatte mir mit seinem handwerklichen Talent von meiner Idee abgeraten, aber davon wollte ich wie so oft nichts hören. Stattdessen motivierten mich solche Aussagen noch mehr dazu, meinen Plan in die Realität umzusetzen. Mit Erfolg und einigen schmerzlichen Erfahrungen. Aber mit Erfolg!

Quer durch Frankreich und eine schlaflose erste Nacht

Nach wochenlangen Vorbereitungen, verschiedenen Umbauten und Routenänderungen legten wir uns darauf fest, einfach mal loszufahren. Den Umbau austesten, die Route nicht genau planen, Lissabon als Ziel ins Navigationsgerät eintippen, das Auto packen und starten! Problematisch war allerdings unser bereits mehrfach erwähntes Zeitfenster: Vier Wochen. Denn nach dem Roadtrip sollte es für mich direkt weiter ins Auslandssemester nach Ungarn gehen. Schon damals hatte ich ein ziemliches Tempo in meinem Leben drauf und musste aufpassen, dass mich die ganzen Ereignisse nicht eines Tages überrollten. 28 Tage Zeit um 5000 Kilometer zu fahren und dabei diesen „Urlaub" noch zu genießen. Schnell stellte sich heraus, dass das quasi unmöglich war. In den ersten vier Tagen bin ich täglich ungefähr 10 Stunden mit einer Durchschnittsgeschwindigkeit von 100 km/h am Stück gefahren, habe kaum Pausen gemacht und wollte einfach nur am Ziel ankommen. Besonders schlau war meiner Meinung nach die Idee, alle Mautstraßen in Frankreich zu umfahren, um somit Kosten zu sparen. Dass wir dadurch aber große Umwege fahren mussten, somit viel mehr Benzin verbrauchten und daher alles deutlich teurer wurde, hatte ich mir erneut nicht so vorgestellt.

TIPP FÜR DEINEN ROADTRIP

An dieser Stelle möchte ich euch darauf hinweisen, dass diese Idee nicht besonders schlau war und dass ihr auf den Landstraßen in Frankreich die Tempolimits immer ganz genau beachten solltet. Ansonsten kann es ganz schnell sehr teuer werden.

Ich habe das Tempolimit auf dem Hinweg nach Portugal unbewusst ignoriert, bin wenige Male nur ein klein bisschen zu schnell unterwegs gewesen und konnte trotz der minimalen Geschwindigkeitsüberschreitung mehrfach eine recht hohe Strafe zahlen. Das Schreiben mit dem Bußgeldbescheid wurde per Brief mit französischer Beschriftung an meine Eltern gesendet, da der Wagen zu dem Zeitpunkt auf meinen Vater angemeldet war. Meine Mutter dachte kurze Zeit später, sie müsse jetzt ins Gefängnis oder das Haus müsse bald verkauft werden und rief mich, nachdem sie der zweite Brief mit französischer Beschriftung erreicht hatte, panisch an. Ich kann es wirklich nicht empfehlen, in Frankreich die Autobahnen mit Mautgebühren zu meiden und stattdessen die Landstraßen mit hohen Strafgebühren zu nutzen. Es sei denn, ihr achtet genau auf die verschiedenen Limits.
Dazu muss ich sagen, dass Frankreich mir persönlich überhaupt nicht gefallen hat. Zumindest der zentrale Teil des Landes war einfach nur geprägt von endlosen Landstraßen und dreckigen, kleinen Ortschaften. Allerdings herrschte zu diesem Zeitpunkt eine extreme Trockenperiode in Süd- und Westeuropa, was der Natur und somit auch dem Aussehen der Umgebung nicht wirklich in die Karten spielte. Und

dazwischen saß ich täglich ungefähr 10 Stunden hinterm Steuer, konzentrierte mich darauf, bei Temperaturen von bis zu 40 Grad und einem Wagen ohne Klimaanlage keinen Hitzeschlag zu bekommen oder zu vertrocknen. Es gab Momente da dachten wir, dass wir nach einer kurzen Pause auf einem Rastplatz von nun an Spiegeleier auf der Motorhaube braten könnten.

TIPP FÜR DEINEN ROADTRIP

Nutze jede Gelegenheit, um die Motorhaube zu öffnen und dem Wagen somit ein wenig Abkühlung zu verschaffen – solche Temperaturen war mein kleiner Flitzer aus Deutschland kaum gewöhnt. Zudem kontrollierte ich regelmäßig den Kühlwasser- und Ölstand, um das Risiko einer Panne möglichst gering zu halten. Eine Mitgliedschaft in einem Pannenservice ist jedoch trotzdem immer sinnvoll.

Die gesamte erste Etappe von meiner Heimat in der Eifel bis an die französisch-spanische Grenze an einem Tag zu schaffen war bei einer Strecke von 1300 Kilometern und einer Durchschnittsgeschwindigkeit von 100 km/h quasi unmöglich. Somit folgte nach einem ersten sehr anstrengenden Tag auf verschiedenen Autobahnen und Landstraßen die erste gemeinsame Nacht im umgebauten Mini-Camper auf einem Parkplatz einer französischen Kleinstadt mit dem Namen Sézanne. Der Umbau vom Auto zum Schlafzimmer dauerte ungefähr 10 Minuten und zack konnten wir uns schon auf die ausgebreitete Matratze zwischen Decke und Sitzen quetschen. Ich hatte auch noch zwei Schlafsäcke dabei, damit wir bei hochsommerlichen Temperaturen ja nicht erfrieren würden. Meine professionell angebrachten Gardinen, die auf öffentlichen Plätzen dem Sichtschutz dienen sollten, zog ich zu und schon konnten wir uns ins Land der Träume begeben. So sah es in meiner Vorstellung aus. Stattdessen habe ich in dieser ersten Nacht kein Auge zugemacht. Ich war viel mehr damit beschäftigt, mich vom Rücken auf den Bauch zu drehen ohne die Decke oder die Heckscheibe rauszutreten, die Vorhänge zuzuziehen oder die Fenster zu öffnen und zu schließen, damit ein bisschen frische Luft in das zwei Quadratmeter große Schlafzimmer kommen konnte. Es war grausam und am nächsten Morgen war ich statt ausgeschlafen, erholt und vorbereitet für den zweiten Tag, einfach nur verschwitzt und hundemüde.

TIPP FÜR DEINEN ROADTRIP

Falls du auf die Idee kommst, dein Auto in einen Micro-Camper umzubauen: Mach vor dem Start deiner Tour ein paar Übernachtungstests und sei dir bewusst, dass im Normalfall nur Platz für eine Person in einem solch kleinen Wagen ist.

Meer in Sicht!

Es folgten drei weitere Tage „on the road“, jedoch verbrachten wir die Nächte von nun an auf Campingplätzen im mitgebrachten Zelt. So schnell wollte ich nicht mehr auf zwei

Quadratmetern zu zweit übernachten. Die sicheren Übernachtungsorte schmälerten zwar unser eingeplantes Budget, jedoch hatten wir dadurch auch richtige, sanitäre Anlagen und konnten unsere Reise am nächsten Tag ausgeschlafen fortsetzen. Nach knapp 850 Kilometern hinter der französischen Grenze, quer durch Spanien und ein Stück durch Portugal, konnten wir endlich das Meer sehen. Das ist schon der absolute Wahnsinn, wenn man überlegt, dass man in einer kurzen Zeit von West-Deutschland aus die portugiesische Küste mit dem Auto erreichen kann. Für uns war das zu diesem Zeitpunkt auch völlig surreal und wir mussten erst einmal ankommen. Aber wir hatten es geschafft! Mit meinem alten Ford Fiesta bis nach Portugal und das ohne Panne oder sonstige große Komplikationen.

Portugal kann man mal machen!

Ab jetzt hatten wir knapp 2,5 Wochen Zeit, um vom Norden Portugals einmal nach Süden in die Küstenstadt Faro zu fahren. Das klingt nach einer realistischen Zeit, waren jedoch auch ganze 600 Kilometer. In den meisten Fällen blieben wir nur eine Nacht auf den jeweiligen Campingplätzen oder schliefen ab und zu auch mal im Auto. Dafür wurde aber nicht die selbstgebaute Vorrichtung genutzt, sondern kurbelten wir die vorderen Sitze einfach zurück und schliefen halb liegend und halb sitzend im Cockpit vom Fiesta.

Trotz der knapp eingeplanten Zeit versuchten wir die einzelnen Tage so gut es ging zu genießen. Schwierig wurde es allerdings, wenn wir auf einer Strecke zwischen zwei Orten etwas Interessantes entdeckten und uns es gerne anschauen wollten, denn da mussten wir leider Abstriche machen und auf solche Ausflüge verzichten. Es fehlte uns schlicht und einfach die Zeit dafür.

TIPP FÜR DEINEN ROADTRIP

Nimm dir genügend Zeit und plane keine genaue Route. Einer der wichtigsten Punkte bei einem Roadtrip beinhaltet die Freiheit! Sowohl örtlich als auch zeitlich. Fahr also einfach drauf los mit einem groben Ziel und lass dich mit einer Menge Zeit von Ort zu Ort dahin treiben, wo es dich hinzieht.

Unsere Route durch Portugal

Viana do Castelo – Facho – Porto – Cortegaça - Praia de Mira – Cascais – Lissabon – Vila Nova de Milfontes – Sagres – Lagos – Portimão – Quarteira - Faro

Total Panne

Der kleine Ford Fiesta hatte sich mit vielen Herausforderungen auf dieser Tour mehr als wacker geschlagen und ich war jeden Tag mehr und mehr von ihm beeindruckt, wie problemlos er uns durch diese Tour brachte. DER Tag sollte allerdings dann doch irgendwann kommen. Wir mussten einkaufen und fuhren zum Supermarkt. Als ich den silbernen Flitzer geparkt hatte, stiegen wir aus und ich entdeckte eine Pfütze unter dem vorderen Wagenteil. „Oh nein, bitte kein Öl" , so lautete mein erster Gedanke. Schnell legte ich mich unters Auto und stellte fest, dass es sich bei der auslaufenden Flüssigkeit um Wasser handelte. Ich öffnete die Motorhaube und sofort sprang mir ein gerissener Kühlwasserbehälter ins Gesicht. Es war dem Kleinen wohl doch zu heiß geworden in den letzten Wochen. Schnell versuchte ich mit jemandem auf dem Parkplatz ins Gespräch zu kommen und nach einer guten, zuverlässigen Werkstatt in der Nähe zu fragen. Zum Glück konnte uns ein älterer Herr weiterhelfen und kurze Zeit später standen wir vor der empfohlenen Werkstatt. Das Wasser im Kühlwasserbehälter war fast komplett ausgelaufen und bei den Temperaturen in Spanien war das absolut nicht gut für den Motor.

TIPP FÜR DEINEN ROADTRIP

Generell ist es immer gut, wenn du bei einer solchen Tour einen Behälter mit Motoröl, Kühlwasser, Scheibenwischwasser, Wagenheber, Drehkreuz und natürlich Warndreieck und Warnweste dabei hast. Wenn keine Werkstatt in der Nähe ist, kannst du dir in einem Notfall so wenigstens bis zu einem gewissen Grad selbst helfen.

Wir sollten auf dieser Reise das Glück auf unserer Seite behalten: Die Mechaniker in der Werkstatt waren sehr nett und bemühten sich, uns schnell zu helfen. Dazu machte ich ihnen auch deutlich, dass wir auf das Auto angewiesen waren und darin aktuell lebten. Alle in der Werkstatt schauten mich nur verwirrt an. „Wie könnt ihr in einem so kleinen Auto leben??" In diesem Moment wurde mir erst bewusst, wie verrückt diese ganze Aktion eigentlich war. Bevor wir aber wieder in unser Abenteuer einsteigen konnten, hieß es erst einmal: Abwarten. Nach fünf Stunden Wartezeit und einigen netten Gesprächen mit anderen Kunden wurde uns mitgeteilt, dass das benötigte Ersatzteil heute nicht mehr geliefert werden konnte. Das war natürlich eine ziemlich große Katastrophe, denn wie gesagt, lebten wir in dem Wagen und hatten unser ganzes Gepäck darin verstaut. Uns blieben an dieser Stelle nur zwei Optionen: Entweder wir übernachteten im Auto vor der Werkstatt oder wir suchten uns schnell eine Unterkunft im nächsten Ort. Wir entschieden uns für Zweiteres und liefen kurze Zeit später mit unserem Gepäck entlang der Hauptstraße und klingelten nach unserer Ankunft im Stadtkern an jeder verfügbaren Tür, die den Eingang zu einem Hostel darstellte.

Glücklicherweise waren in einer Unterkunft noch genau zwei Betten in einem 8 Personen Zimmer frei, wo wir später zwischen schnarchenden und betrunkenen Partygästen schliefen. Aber immerhin war der Inhaber super nett, was uns am nächsten Tag positiv auf die weitere Reise stimmte. Diese konnte jedoch nur weitergehen, wenn der Fiesta wieder bereit war, mit uns durchzustarten. Ich war generell noch sehr angespannt, denn was wäre gewesen, wenn noch ein anderes essenzielles Teil im Motorraum kaputt wäre und wir unsere Reise an dieser Stelle hätten abbrechen müssen? Diesen Gedanken wollte ich gar nicht zulassen. Am Nachmittag erhielt ich endlich den erleichternden Anruf: „Wir können den Wagen abholen und alles funktioniert wieder einwandfrei." In dem Moment fiel eine riesige Last von meinen Schultern und es blieb nur noch die Frage offen, wie hoch die Rechnung sein würde. Wir packten unsere Sachen und wanderten den gleichen Weg, wie am vorherigen Tag, zurück zur Werkstatt. Die Rechnung, die ich kurze Zeit später in der Hand hielt, zeigte mir einen Betrag von etwas über 50 Euro. Unglaublich! Für das Geld hätte ich in Deutschland nicht einmal das Material bezahlen können. Mehrmals bedankten wir uns bei den MitarbeiterInnen der Werkstatt und wenige Momente danach fuhren wir glücklich vom Hof. Unsere Reise war noch nicht am Ende.

Willkommen in Spanien!

Portugal war traumhaft und nach knapp 2,5 Wochen hatten wir das Land einmal vom Norden zum Süden bis in den Osten durchquert. Es war unglaublich, was wir in einer so kurzen Zeit alles gesehen und erlebt hatten. Das liebe ich auch bis heute noch am Reisen: Man sieht und erlebt sehr viel in einer kurzen Zeitspanne und ist einfach im Hier und Jetzt, ohne sich Gedanken über die Vergangenheit oder Zukunft zu machen. Leider hatten wir für unseren Roadtrip immer noch nur 4 Wochen eingeplant und davon waren nun schon fast 3 Wochen vorbei. Langsam mussten wir wieder den Kurs in Richtung Deutschland ansteuern und überquerten dazu die Grenzen von Portugal nach Spanien. Zwei Städten wollten wir entlang der spanischen Küste auf jeden Fall einen Besuch abstatten: Málaga und Barcelona. Die Küste lang zu fahren war genauso, wie wir es uns vorgestellt hatten. Endlose Weiten und klares, blaues Meerwasser. Wenn es die Planung zugelassen hat, haben wir auch ab und zu angehalten und sind im Meer zwischen den Felsen schwimmen gegangen. Eine Nacht hatten wir sogar die Möglichkeit, direkt am Meer unser Zelt aufzuschlagen, jedoch wurde uns mit Blicken der Einheimischen schnell verdeutlicht, dass das Wildcampen in Spanien nicht gerne gesehen wird. Ist auch völlig verständlich, wenn man bedenkt, wie überfüllt das Land mittlerweile von Campern und Vanlife-Touristen ist. Und noch lange nicht alle hinterlassen die Orte so, wie sie diese vorgefunden haben.

Wildcamping in Spanien

Letzter Halt: Barcelona

Barcelona war schließlich unsere letzte richtige Station, wo wir uns noch eine Unterkunft mieteten, um die letzten Tage nochmal so richtig zu genießen. Eine sehr vielfältige und auch lebendige Stadt, wo es eine Menge zu entdecken gab. Dorthin würde ich jederzeit nochmal zurückkehren. In der schönen spanischen Küstenstadt hatten wir einfach eine gute Zeit, die wie sehr genossen. Hier ein Bild von mir als mutierender Hippie.

Nach 3 Wochen mit dürftiger Pflege, habe ich mich bei diesem Selfie vor mir selbst erschrocken.

Alles auf Heimatkurs

Nach unserem letzten Aufenthalt lag der Fokus dann schließlich nur noch auf der Rückfahrt. Von Barcelona bis in meine Heimat waren es ab jetzt ganze 1200 Kilometer, die vor uns lagen. Wieder eine ganz schöne Strecke, die ich alleine bewältigen musste. Auf der Heimfahrt knackte mein kleiner Ford Fiesta zudem die 200.000 Kilometer Marke und hatte sich ohnehin bereits für die nächste große Tour überqualifiziert. Dazu wählten wir oft nicht nur den einfachen Weg, sondern fuhren auch über einige Schotter- und Waldwege. Wir vertrauten dabei stets unserem Navigationssystem, was uns an so manchen Tagen durch sehr verlassene Orte leitete. In einer Situation war klar, dass nicht nur wir ausschließlich der virtuellen Karte folgten: Wir fuhren wieder einmal über einen sehr holprigen Weg, doch dieses Mal waren wir nicht allein dort unterwegs. Ganze sechs Autos folgten in einer Schlange vor und hinter uns dem fragwürdigen Pfad. Man konnte deutlich erkennen, dass niemand eine Ahnung hatte, wo wir uns gerade befanden. Die Straße wurde immer enger und teilweise musste ich rückwärtsfahren, wenn mir ein Auto auf der anderen Fahrbahn begegnete. Und dabei begegneten uns nicht nur Autos…

Trotz all' dieser Erlebnisse musste ich während der Heimfahrt an mein nächstes Abenteuer, welches bereits in zwei Wochen beginnen sollte, denken. Es war dadurch unheimlich schwer im Hier und Jetzt zu sein und die Zeit so richtig zu genießen. Als wir dann nach zwei Tagen, die wir nur mit reiner Fahrtzeit verbrachten, bei meinen Eltern auf den Hof fuhren, fühlte sich alles komplett surreal an. Und zwar so, als wäre ich vor ein paar Stunden für einen Wocheneinkauf in den nächsten Supermarkt gefahren und jetzt wieder zurückgekehrt. Ich kann mich noch ganz genau an das Gefühl erinnern. Ich denke, dieses Befinden hatte den Ursprung darin, dass ich alle Ereignisse, die in den vier Wochen passiert waren, in der kurzen Zeit nicht so richtig verarbeiten konnte. Dazu war in meinem Heimatort und bei meiner Familie alles gleichgeblieben und im Vergleich dazu hätte ich ein Buch schreiben können von den letzten 28 Tagen. Aber auch der Fakt, dass wir mit meinem kleinen Auto einfach mal 5000 Kilometer bis nach Portugal und zurück abgerissen hatten – das glaubte uns ja niemand, der nicht dabei war – beeinflusste mich. Und vielleicht, um mal nicht zu tiefgründig zu denken, zusätzlich einfach der reine Schlafmangel, der sich nach so vielen Stunden hinter dem Steuer langsam zeigte. So viel hatte sich in meinem Denken verändert und wieder einmal wurde mir klar, dass alles möglich ist, wenn man es nur möchte und es dann einfach durchzieht, egal wie viel Gegenwind kommt.

♦ August bis Dezember 2019: Auslandssemester Ungarn ♦

-

Der nächste Roadtrip geht zur Uni

Ich war nach vier Wochen Roadtrip wieder heimgekehrt und saß zuhause am Küchentisch meiner Eltern. Alles fühlte sich merkwürdig an und mein Geist, mein Kopf, meine Seele - wie auch immer man es bezeichnen möchte - war wieder einmal alles andere als ruhig. Ich wollte nicht ankommen, ich wollte weiter unterwegs sein und viele aufregende Dinge erleben. Dieses Bedürfnis, konnte ich auch niemandem erklären, denn es war einfach da und ich musste ihm auf den Grund gehen. Im besten Fall möglichst intensiv und extrem. Mit meinem Auslandssemester in Ungarn stand ja ohnehin schon ein großes Erlebnis auf dem Plan, aber ich brauchte die Extremsituation. Also entschied ich mich dazu, meinen kurz zuvor beendeten Roadtrip nach Portugal einfach fortzusetzen und mit dem Auto in Richtung Osten nach Ungarn zu fahren. Dabei dachte ich besonders an die Vorteile vor Ort. Mit einem Auto konnte ich leichter spontane Ausflüge machen und war auf niemanden angewiesen. Knappe 1400 Kilometer sollte der kleine Fiesta - den ich übrigens mittlerweile auf den Namen „Frodo“ getauft hatte – von meiner Heimat aus ins ungarische Szeged schaffen. Frei nach dem Motto „Wenn die Karre die Fahrt nach Portugal überlebt hat, dann schafft sie es auch noch bis nach Ungarn und zurück“. Ich plante drei Zwischenstopps auf dem Weg in den Süden Ungarns ein und übernachtete in verschiedenen Unterkünften. Genau die richtige

Entscheidung, denn dieser Roadtrip ins Auslandsemester stimmte mich voll und ganz auf meine zukünftige Zeit ein: Ich war auf mich alleine gestellt und musste alleine mit neuen Menschen und Situationen zurechtkommen. Zudem hatte ich trotz meiner vorherigen Reisen ins Ausland eine sehr große Angst davor mich in Zukunft auf Englisch zu verständigen (denn mein Schulenglisch war wirklich grausam) und konnte in diesen Tagen der Anreise schonmal ein wenig üben.

TIPP FÜR DEIN AUSLANDSSEMESTER

Wenn du einen Auslandsaufenthalt planst, du ein Auto besitzt und das ausgewählte Land „in der Nähe liegt", dann nimm dein Auto auf jeden Fall mit. Du wirst einige Vorteile bezüglich der Mobilität vor Ort haben.

Die Ankunft in Szeged am Ende des dritten Tages meines Roadtrips fühlte sich so an, als wäre ich in einem Freizeitcamp gelandet. Meine erste Station war nämlich eine Art Jugendherberge, wo alle Erasmus-Studenten erst einmal untergebracht wurden. Niemand von uns hatte zu diesem Zeitpunkt eine Wohnung. Dafür folgten in den nächsten Tagen die sogenannten „Flat-Hunting-Events". Ich stand da also mit Sack und Pack und meinem geparkten Auto im Hinterhof an der Rezeption. Die Empfangsdame drückte mir meinen Zimmerschlüssel in die Hand und so wie das Schicksal es wollte, saß ich kurze Zeit später mit zwei Türken in meinem vorübergehenden Zimmer. Furkan, der überhaupt nicht aussah wie ein Türke in meiner Vorstellung und Efe, der komplett aussah wie ein Türke in meiner Vorstellung. Mehr habe ich in diesem ersten Moment nicht gedacht. Generell habe ich in dieser Zeit sowieso nicht viel nachgedacht, weil man einfach im Jetzt gelebt und die Tage genossen hat, ohne einen großen Plan dahinter.

Mein WG-Zimmer, das ich später nach dem Flat-Hunting Event ergattern konnte. Ich hatte großes Glück und sogar ein eigenes Badezimmer auf meiner Etage.

TIPP FÜR DEIN AUSLANDSSEMESTER

Thema Wohnungssuche: Suche dir vorab auf jeden Fall ein paar Facebook-Gruppen raus, um dich mit ehemaligen Studenten an der von dir ausgewählten Uni im Ausland zu vernetzen. So kannst du bereits vor dem großen Ansturm deines Jahrgangs Kontakte bezüglich der Wohnungssuche knüpfen.

THROWBACK TAGEBUCHEINTRAG - 04.09.2019

Halli Hallo, Hallöle! Mein Auslandssemester ist gestartet und in der ersten Woche (in der sogenannten „Orientation Week“) passiert sehr viel. Und ich muss sagen, es läuft alles wirklich gut: Ich bin nach 3 Tagen Hinreise mit meinem Auto gut in Szeged angekommen und habe schon alleine auf dieser Hinreise viel erlebt. Die erste Nacht habe ich in Passau in einem Plattenbau, aber in einer sehr sauberen Wohnung übernachtet. Weiter ging es nach Nickelsdorf – quer durch Österreich und dort zu einer sehr netten Gastgeberin. In dem Dorf habe ich abends dann einen Mann aus Wien kennengelernt. Ich suchte eigentlich einfach ein Lokal, wo ich etwas essen wollte, aber in diesem kleinen Dorf gab es nicht viel. Der Mann aus Wien besuchte dort nur seinen Bruder und meinte wir können ja alle gemeinsam eine Pizza bestellen. Kurze Zeit später saß ich dort mit seiner kleinen Tochter, seinem Bruder und ihm und verspeiste eine leckere Pizza. Nun habe ich seine Handynummer, falls ich mal in Wien sein sollte und dort eine Bleibe brauche. Ich hoffe, dass ich mich immer an diese Story erinnern werde. Am nächsten Tag ging es dann nach Szeged und dorthin habe ich auf den letzten Kilometern ein Mädel mitgenommen, die per Anhalterin unterwegs war. Das wollte ich sowieso immer schonmal machen.

Zwei Türken, ein Franzose und ein Deutscher

So haben früher meine Witze begonnen, wenn ich als Kind meine Familie zum Lachen bringen wollte. Aber an dieser Stelle ist das kein Witz, sondern die Konstellation meiner Wohngemeinschaft in meinem ungarischen Auslandssemester in Szeged. Ich sollte einen Tag später nach meiner Ankunft mit zwei Türken und einem Franzosen in einer Wohnung leben.

Dazu muss man an dieser Stelle sagen, dass ich vor meiner Abreise absolut offen gegenüber jeder Nationalität war und keine Präferenzen hatte, mit wem ich in eine Wohnung ziehe. Ich wollte mich einfach nur menschlich mit meinen auserwählten Kollegen verstehen. Das Deutsche und Türken sich gut verstehen, das ist wohl kein Geheimnis mehr. Aber, dass diese beiden Typen mit den Namen Furkan und Alperen meine besten Freunde werden sollten, mit denen ich bis heute noch regelmäßigen Kontakt habe, damit hätte ich nicht gerechnet. Mein französischer Mitbewohner Thomas war hingegen deutlich zurückhaltender und hat lieber mit seinen eigenen Landsleuten etwas unternommen. Generell konnte man sagen, dass die Franzosen und die Spanier immer eher in ihren eigenen Gruppen blieben, die Türken waren zusammen mit Türken und allen anderen Nationalitäten und die Deutschen waren auch überall, aber Hauptsache nicht zusammen mit anderen Deutschen. Ich war zu Anfang offen gegenüber allen Nationen, später wurde ich jedoch immer mehr Immigrant der Türkei. Und das ist mein absoluter Ernst. Ich war immer mit den Türken unterwegs und oftmals der einzige Student einer anderen Nation umgeben von türkischen Studierenden. Es hat einfach gepasst und wir hatten eine Menge Spaß in dieser Konstellation. Wenn wir es mal versucht haben mit anderen Studierenden aus anderen Ländern eine Verbindung aufzubauen, dann ging das meistens schief. Also blieben wir später einfach unter uns und haben versucht alles mitzunehmen, was irgendwie ging.

Zusammen im Park mit meinen türkischen Freunden

Bin ich hier zum Feiern oder Studieren?

Party, Party, Party. Das große Ding in einem Erasmus-Auslandssemester. Ich würde mal behaupten, dass das der wahre Grund dafür ist, warum so viele StudentInnen während ihres Studiums mit Erasmus ins Ausland möchten, auch wenn die wenigsten es zugeben würden. Da ich zu dem Zeitpunkt eine Freundin hatte, habe ich mich allerdings sehr zurückgehalten, was dieses Thema anging. Natürlich bin ich mit unterwegs gewesen, aber hatte kaum Lust Alkohol zu trinken. Klingt ein bisschen langweilig? Nun ja, durch meine

Jugendzeit auf dem Land hatte ich garantiert schon so viel Alkohol vor dem Auslandssemester getrunken, wie alle Türken zusammen vor diesem Abenteuer. Ich war trotzdem mit dabei und habe mitgefeiert. Und man kann wohl sagen, dass sich die meisten StudentInnen mehr auf Partys als in der Uni blicken lassen haben. Aber in einem Auslandssemester geht es besonders darum, sich mit anderen Nationen auszutauschen und andere Kulturen kennenzulernen. Sich eben miteinander zu vernetzen und mal über den Tellerrand hinauszuschauen. Mir sollte es recht sein, denn so waren wir einen Abend mal auf einer Haus-Party, mal auf einer Karaoke-Veranstaltung, mal in einem Club oder aber auf einer Wein-Messe. Überall, wo es Alkohol gab, waren die Erasmus-StudentInnen auch nicht weit entfernt. Manchmal war mir das aber alles auch zu viel und ich blieb zuhause in meinen eigenen vier Wänden. Meine damalige Fernbeziehung trug sicherlich ihren Teil dazu bei.

Hier mit meinen WG-Mitbewohnern auf meiner Geburtstagsparty

Auslandssemester Ungarn: Ein Fazit

Ich bin unglaublich froh und dankbar, dass ich diesen Schritt damals gehen durfte und mich das überhaupt erst getraut habe. Ich mein': Wir müssen immer in dem gesamten Buch meine Ausgangslage im Auge behalten und das war und ist nun einmal mein 1000-Seelen-Dorf auf dem Land. Während der Zeit, als ich dort noch im örtlichen Musikverein am Schlagzeug saß und Bier mit den Junggesellen getrunken habe, hätte ich mir nicht vorstellen können, ein paar Jahre später nach Ungarn zum Studieren zu fahren und dort mit zwei Türken und einem Franzosen in einer Wohnung zu leben. Aber nach und nach verfolgte ich meinen Weg und meine Ideen und setzte sie in die Tat um. Das Auslandssemester in Ungarn war der nächste große Schritt in Sachen „Perspektivenwechsel", denn ich durfte in dieser Zeit viele verschiedene Menschen aus anderen Nationen kennenlernen und mich mit ihnen austauschen. Selbst dann, wenn wir uns überhaupt nicht mit unserem schlechten Englisch verständigen konnten, sondern Hände und Füße nutzen mussten. Ich stellte sehr schnell fest, dass wir Menschen überall auf der Welt uns viel ähnlicher sind, als wir denken. Auch, wenn wir andere Sprachen sprechen, in anderen Kulturen leben und vielleicht oft anderer Meinung sind: Im Kern gibt es große Ähnlichkeiten. Ich musste lernen, allen Menschen, die ich während meiner Erasmus-Zeit getroffen habe, mit einem offenen Blick zu begegnen und keine Vorurteile zu haben. Nur so konnte ich viele neue Leute wirklich kennenlernen und zu ihnen eine Verbindung schaffen. Am Anfang wollte ich nach

Japan und dort mein Auslandssemester absolvieren. Das sollte leider nicht funktionieren und ich war erst ein wenig enttäuscht, dass es stattdessen nach Ungarn ging. Nun kann ich sagen: Es ist egal, wo man sich auf der Welt befindet, denn überall kann man neue Freunde finden und neue Dinge lernen. Ob über sich selbst oder über sein Umfeld.

Der Tag, an dem mein Fiesta starb

Ihr werdet feststellen, dass mein Ford Fiesta in den nächsten Kapiteln nie mehr auftaucht. Aber so einfach möchte ich meinen langjährigen Wegbegleiter nicht verschwinden lassen. Wann und wo verabschiedete ich mich also von Frodo?
Es war ein verregneter Tag Anfang 2020. So fängt jeder schlechte amerikanische Horrorstreifen an und somit auch meine Geschichte, die das Ende vom Ford „Frodo“ Fiesta erzählt. Für den Wagen sollte es nach Düsseldorf gehen. Dorthin wollte ich ihn privat verkaufen. Gerechtfertigt für all‘ die Erlebnisse setzte ich den Verkaufswert bei 1300 Euro an und der Käufer schien leider vom Beginn der Besichtigung bis zum Ende nicht überzeugt von diesem Preis und sprach zum Schluss von schlappen 650 Euro.
„Nee 900“, sagte ich.
„750“, schoss es aus meinem Handelspartner heraus.
„850“, rief ich.
„800, ok? Und wir fahren direkt nach Düsseldorf“.
Der Käufer, der übrigens Peter hieß, war nämlich extra zu mir in die Heimat gefahren, um das Auto von dort aus mitzunehmen. Kurze Zeit später ging es in Richtung Düsseldorfer

Straßenverkehrsamt, um dort das Auto umzumelden. Dazu sollte es jedoch leider nie kommen. Sagen wir's so: Es kam dazu und wir waren dem Ziel sogar sehr nah, aber vor der Tür sagte Käufer Peter: „Jan… Auto geht nicht mehr. Kupplung kommt nix mehr!" mit einem darauffolgenden „Jan… du machst mich fertig". Das sollte nicht das letzte Mal sein, dass er diesen Satz an diesem Tag zu mir sagte. Gut. Da standen wir also mit einem kaputten Auto, einem frustrierten Käufer und einem Verkäufer, der nicht fassen konnte, was hier gerade passierte. Ich mein': Hätte die Kupplung noch 5 Kilometer länger gehalten (und ich bin mit diesem Auto quer durch Europa gefahren, da sind 5 Kilometer ja wohl ein Witz), dann hätte ich 800 Euro in der Tasche gehabt. So konnte ich nur noch 150 Euro für den Wagen bekommen. Einhundertfünfzig Euro! Dafür kaufen sich andere Leute einen Reifen. Es folgte eine Abschleppfahrt mit einem Laster, der bereits 1,5 Millionen Kilometer auf dem Tacho hatte, eine gefühlt illegale Ummeldung von Frodo in einem düsteren, imbissähnlichen Laden und viele interessante Gespräche mit meinem neuen Freund Peter. Ein unvergesslicher Tag, an dem mein Fiesta in Ehren von mir gegangen ist. Ich wünsche ihm noch viele schöne Fahrten in und rund um Düsseldorf!

♦ März bis August 2020: Straßenmusik-Tour NRW ♦

-

Mein Beruf: Straßenmusiker

Mein Auslandssemester in Ungarn war zu Ende und von meiner Freundin in Siegen, die ich im Kapitel zuvor bezüglich der Fernbeziehung beschrieben habe, hatte ich mich kurz darauf Anfang 2020 getrennt. Das Problem daran lag besonders darin, dass ich mit ihr gemeinsam in einer WG wohnte und somit gezwungen war dort auszuziehen, denn unsere Trennung verlief leider nicht so harmonisch. Wohin sollte ich ziehen? Es waren Semesterferien und in Siegen war „tote Hose". Es ging für mich erst einmal erneut zu meinen Eltern, zurück aufs Land. Dort schmiedete ich weitere Zukunftspläne. Diese geplante Zukunft sollte allerdings nie Wirklichkeit werden, denn plötzlich stand dieses Virus vor der Tür, das die ganze Welt den Pausenknopf drücken ließ: Corona. Somit war ich bei meinen Eltern mehr oder weniger eingesperrt und versauerte auf dem Land. Nach knapp einem Jahr, das von einem ständigen Unterwegssein geprägt war, musste ich von der Autobahn mit rasanter Geschwindigkeit nun mit angezogener Handbremse auf dem Feldweg parken. Das fühlte sich nicht richtig an. Alle meine Kurse in der Uni wurden von nun an nur noch online durchgeführt und meine Bachelorarbeit musste ich aus der Ferne schreiben. Ich beendete mein Studium nicht mehr in Siegen, sondern auf dem Dorf in der Eifel. Ich wollte sowieso nicht mehr in Siegen bleiben, aber doch noch viel mehr von der Welt sehen. Das konnte es doch nicht gewesen sein! Die einzige Chance schnellstmöglich wieder unterwegs zu sein und dafür einen triftigen Grund zu haben war, nach längeren Überlegungen, der Plan von einem Auslandspraktikum zum Abschluss meines Studiums. Trotz jeglicher Regulierungen. Dafür brauchte ich jedoch Geld, denn die meisten Praktika, die mich interessierten, waren nicht vergütet und somit selbstfinanziert. Wie sollte ich unter den aktuellen Umständen schnell Geld verdienen? In einer Fabrik in der Nähe! Nach meinem ersten Arbeitstag dort, war mir klar, dass ich das keine 6 Wochen aushalten würde.

„Du hast doch ne' Gitarre und kannst singen"

Eine andere Lösung musste her und plötzlich fiel es mir wie Schuppen von den Augen: Musik auf der Straße machen, das wollte ich schon seit meinem Praktikum in München mal ausprobieren. Warum, weiß ich nicht. Es war einfach so. Irgendwas in mir sagte mir, dass genau jetzt der richtige Zeitpunkt dafür gekommen war. Corona hatte der Menschheit besonders mental sehr zugesetzt und Musik in den Straßen ist doch immer eine Art von Hoffnungsschimmer. Nachdem die Geschäfte im Sommer 2020 so langsam wieder ein wenig die Türen öffneten, stand ich direkt mit meiner Gitarre in den Fußgängerzonen von NRW und tourte mit meinem Studenten-Bahnticket quer durchs Bundesland. Ich machte das, weil es mir unfassbar viel Freude bereitete und aber auch, weil ich innerhalb von 2 Monaten knapp 2000 Euro verdienen musste.

Denn so viel sollte das Praktikum, für das ich mich entschieden hatte, inklusive Unterkunft und Verpflegung kosten.

Eine Herausforderung jagt die nächste

Ich hatte mir alle Städte in NRW rausgesucht, die ich gut mit der Bahn erreichen konnte und zudem kalkuliert, wie viel Geld ich pro Tag erspielen musste, damit ich nach den knapp 2 Monaten auf 2000 Euro kommen konnte. Zwischen 35 und 40 Euro sollten täglich in meinem Gitarrenkoffer landen. Morgens schmierte ich mir meine Brote, fuhr zur nächsten Bahnstation und setzte mich in den Zug. Die Bahnfahrt kostete nichts, aufgrund des bereits erwähnten Studententickets. Danach suchte ich mir einen Ort in der jeweiligen Fußgängerzone, stellte meinen Gitarrenkoffer vor mir auf und dann wurde so lange gesungen und gespielt, bis ich nicht mehr konnte oder vom Ordnungsamt weggeschickt wurde. Jeden Tag! Und das knappe zwei Monate lang. Eine Herausforderung jagte die nächste, weil ich mich immer mit neuem Publikum konfrontieren musste und jeden Tag alles geben musste, damit ich überhaupt jemanden erreichte mit meiner Musik. Ich konnte meine neue Eigenschaft, die ich zuvor in meinem Auslandssemester verbessert hatte, nun gezielt einsetzen: Bleib offen! Denn dadurch ergaben sich oft großartige, aber auch kuriose Situationen und Gespräche. Eine Story fällt mir an dieser Stelle direkt ein. Ich war an einem Mittwoch in Wuppertal unterwegs und spielte mir wieder einmal die Finger wund. Irgendwie lief es nicht. Es sollte dann irgendwann so weit sein, dass mir eine Saite riss und ein paar Sekunden

später die Nächste. Ich musste einen Gitarrenladen ausfindig machen und stand einen Moment darauf in einem kleinen, aber feinen musikalischen Laden mit einem ziemlich mürrischen Verkäufer. Und genau um den geht es. Durch meine erlernte Offenheit und meine immer genauer werdenden Menschenkenntnisse spürte ich einen gewissen Frust bei dem Verkäufer, der auf jede meiner musikalischen Fragen genervt reagierte. Ich fragte ihn ebenfalls, ob er mir meine Saiten auf die Gitarre ziehen könne, weil ich das noch nie gemacht hatte. Darauf antwortete er fast aggressiv:
„Also das ist ja vielleicht ein Witz, oder? Du spielst Gitarre und kannst nicht einmal Saiten wechseln??"
Ich war glücklicherweise so gefasst in dem Moment, dass ich ihm einfach nur entgegnete:
„Nein, aber ich kann ihnen gleich als Dank trotzdem mal was vorspielen".
Ich bin mir sicher, dass diese Antwort vor einiger Zeit nicht aus mir herausgekommen wäre. Diese Schlagfertigkeit konnte ich durch meine verschiedenen Reisen erlernen und nun immer mehr anwenden. Am Ende spielte ich ein Stück für den Ladeninhaber und plötzlich war er sehr freundlich zu mir und öffnete seine verhärtete, schlecht gelaunte Schale immer mehr. Wir führten ein nettes Gespräch über meine Zeit als Straßenmusiker und am Ende verabschiedete er mich höflich und schenkte mir noch zusätzlich ein Plektrum. Ich sag's euch ganz ehrlich: Solche kleinen Situationen haben die Straßenmusik-Zeit für mich zu etwas ganz Besonderem gemacht. Genau, wie die vielen verschiedenen Gespräche.

TIPP FÜR STRASSENMUSIKER*INNEN

Es klingt super doof und viel zu leicht: Aber, wenn ihr das Musizieren auf der Straße ausprobieren wollt, dann macht es einfach. Die Straßenmusik ist das beste Beispiel dafür, dass es für nichts den optimalen Zeitpunkt und die optimalen Bedingungen gibt. Es kann jederzeit alles und nichts passieren.

Der mobile Beichtstuhl

So heißt eine Nummer in meinem Live-Programm „Übers Feld in die Welt" und sie beschreibt die Gespräche, die ich auf der Straße als Musiker geführt habe. Diese Konversationen, die waren und sind wirklich Gold wert und für mich einer der wichtigsten Punkte, warum diese Art von Musik mir so gefällt. Man kommt sich oft vor, wie ein Reporter beim Radio oder wie ein Journalist. Man spricht mit den Leuten und manchmal spricht man wirklich über wichtige Themen, manchmal ist es merkwürdig, manchmal vertraut dein Gegenüber dir die privatesten Dinge an. So ein Gespräch auf der Straße ist halt super unverbindlich. Man kann jederzeit gehen, wenn man es will und wenn nicht, dann kann man bleiben und sich weiter unterhalten. Meistens hat es mir besser gefallen, sich mit meinen ZuhörerInnen zu unterhalten, wenn sie vor mir stehen geblieben sind, statt dann ein kleines Konzert zu spielen. Dabei wollten manche vielleicht nur meine Musik hören, statt mit mir zu sprechen. Ich habe sie dann aber oft angesprochen und bin in ein Gespräch geschliddert. Egal, wie ein Mensch aussieht oder wie er wirkt: Wir haben immer gewisse Vorurteile und stecken die Person gegenüber unbewusst in eine Schublade, selbst wenn wir es bewusst nicht unbedingt wollen. Und das habe ich während der Straßenmusik noch mehr gelernt abzulegen, da ich mit so vielen unterschiedlichen Charakteren und Individuen in Kontakt getreten bin. Irgendwann war ich so weit, dass ich die Menschen fast schon „gescannt" habe, wenn sie an mir vorbeigelaufen sind und konnte schnell spüren, wem ich jetzt Aufmerksamkeit schenke und wen ich besser ignoriere. Das ist auch eine gute Eigenschaft, denn natürlich sind nicht nur alle Menschen nett auf der Straße oder generell im Leben. Die Straßenmusik hat mir somit einige Dinge fürs Leben beigebracht.

THROWBACK
TAGEBUCHEINTRAG - 19.07.20

Das Jahr vergeht sehr schnell, obwohl nicht wirklich etwas passiert. Naja ok, aktuell passiert doch relativ viel! Ich bin jeden Tag von Montag-Samstag unterwegs und mache Straßenmusik in den unterschiedlichsten Städten NRW's. Dabei treffe ich die unterschiedlichsten Menschen. Ich muss sagen: Ich habe genau die richtige Entscheidung getroffen, indem ich mich gegen sämtliche Jobs entschieden habe und stattdessen für die Straßenmusik. In knapp 4 Wochen habe ich damit 900 Euro verdient und komme damit meinem Ziel immer näher. Meine Finger glühen zwar, aber ansonsten fühlt es sich genau richtig an. Bis dahin!

Ziel erreicht

Am Ende dieser Zeit sollte mein Plan tatsächlich aufgehen: Ich hatte meinen sicheren Job in der Fabrik gekündigt und musste mit Straßenmusik allein 2000 Euro in knapp 2 Monaten verdienen. Was soll ich sagen: Es hat funktioniert. Nach 8 Wochen mit täglicher Musik auf der Straße hatte ich mein Ziel erreicht und war unglaublich stolz. Ich hatte alles auf eine Karte gesetzt und wenn ich das Geld nicht verdient hätte, wäre meine Zeit fürs Praktikum auf Zypern komplett ins Wasser gefallen. Mich sollte diese Entscheidung aber noch mehr darin bestärken, nicht immer den einfachen und konventionellen Weg zu gehen. Sondern viel mehr den eigenen Vorstellungen und Träumen zu folgen, auch wenn das immer so plakativ klingt. Für einen Künstler/ eine Künstlerin ist das ein essenzieller Gedanke.

Mein erstes Mal Straßenmusik

♦ September bis November 2020:
Zypern ♦

-

Praktikum auf einer einsamen Insel

Es war also so weit: Ich hatte in den letzten Monaten genügend Geld mit der Straßenmusik verdient, damit ich mir mein Praktikum auf Zypern finanzieren konnte. Normalerweise sollte man meinen, dass man während eines Praktikums bezahlt wird, jedoch war dies ein freiwilliges Praktikum. Ich wurde somit finanziell nur durch das Förderprogramm „Erasmus Plus“ unterstützt und musste daher einen Großteil der Lebenshaltungskosten auf Zypern selbst tragen. Mir war das aber egal, da ich mich nun einfach nur noch darauf freute, dass es endlich wieder losging. Die letzten Monate waren geprägt von diesem verdammten Virus und nur mit der Straßenmusik konnte ich täglich aus meinem Dorf ausbrechen. Ansonsten verbrachte ich meine Zeit in meinem früheren Kinderzimmer und versuchte dort kreativ zu sein. Ich kann rückblickend von großem Glück sprechen, dass die Corona-Regeln im Sommer 2020 gelockert wurden und ich dadurch überall Straßenmusik machen konnte.

Auf in ein neues Abenteuer

Mein großer Rucksack war gepackt, mein Cousin holte mich mit seinem Auto ab und ich verabschiedete mich bei meinen Eltern, so als würde ich mal wieder eben zum Supermarkt einen Ort weiterfahren. Irgendwie fühlte es sich für mich mittlerweile komplett normal an, dass ich mich immer wieder auf irgendwelche wilden Abenteuer und Reisen begab. Meiner Mama fiel der Abschied sichtlich schwer – das ist auch bis heute immer noch so, wenn ich mal ein paar Tage bei meinen Eltern verbracht habe, und wird sich wahrscheinlich auch nie wirklich ändern. Was aber auch irgendwie schön ist. Und ich kann heute mit neuen Erkenntnissen verstehen, dass diese Zeit ebenfalls nicht leicht für meine Eltern war. Immer wieder zog ich mehr oder weniger aus und war dann plötzlich doch wieder da.

Eine Stunde Fahrtzeit später stand ich bereits am Flughafen in Köln und wartete auf meinen Flieger. Noch das schnelle, typische „Lisa geht mit ihrem Backpacking Rucksack nach Australien“ – Foto und schon landete ich ein wenig später bereits auf der kleinen Insel im östlichen Mittelmeer.

Neues Land, neue Stadt und ein neues Zuhause

Angekommen am Flughafen war ich erstaunlich entspannt. Normalerweise ist so eine neue Situation in einem völlig fremden Land ziemlich stressig, aber scheinbar hatten die Reisen der letzten Monate dazu beigetragen, dass ich nun einen sehr niedrigen Ruhepuls hatte. Ich wusste, dass ich nun von dem Flughafen in Larnaca aus (im Osten der Insel) nach Limassol (im Süden) musste. Mit der Sonne im Gesicht und einem Lächeln auf den Lippen sprach ich ein paar Leute um mich herum an und tatsächlich konnte mir wenige Minuten später auch jemand sagen, wo ich den richtigen Bus finden konnte. Schnell sollte ich feststellen, dass Busfahren auf Zypern nicht zu vergleichen ist mit den öffentlichen Verkehrsmitteln in Deutschland. Die Straßen waren ziemlich übersät mit Schlaglöchern und auch der Bus gab mir nicht das Gefühl, dass ich bald sicher am Ziel ankommen würde. Meine Entspannung verließ mich dann also doch schneller, als gedacht und ich musste meine Komfortzone wieder ein Stück erweitern. Aber geht es darum nicht wahrscheinlich immer im Leben? Hab' ich zumindest bis heute überwiegend so wahrgenommen. Einige Schlaglöcher später rollte der Bus auf einen etwas größeren Parkplatz und hielt vor einer ziemlich zerrütteten Blechbude an. Davor ein Schild mit der Aufschrift „Limassol". Ich war am Ziel. Zumindest schonmal in der richtigen Stadt. Mein Vermieter von meinem neuen Zimmer war so nett, dass er kurz vor meinem Flug Kontakt mit mir aufgenommen hatte und mich an der Busstation in der Nähe der Blechhütte abholte. George war ein eingefleischter Zypriot, der sein ganzes Leben auf der Insel verbracht hatte und heute seine Zeit überwiegend damit füllte, indem er Oliven, Granatäpfel, Feigen und Orangen erntete und in seiner Freizeit im Meer schwimmen ging. Schnell spürte ich auf der Fahrt von der Busstation zu meinem neuen Zuhause, dass hier komplett unterschiedliche Kulturen aufeinandertrafen. Ich, der gestresste Deutsche mit all seinen Regeln und Idealen im Kopf und George, der tiefenentspannte Zypriot mit einer Menge Sonne im Herzen. Angekommen an der neuen Wohnung drückte er mir sofort seine frisch gepflückten Oliven in die Hand und zeigte mir kurze Zeit später meine vier Wände. Ich dagegen wollte ihn bezahlen fürs Abholen. Er lachte mich nur an, so nach dem Motto: „Willst du mich auf den Arm nehmen?“. In den nächsten Wochen und Monaten durfte ich noch mehr von diesen entspannten Gemütern kennenlernen und mir ein wenig davon abgucken.

Anders leben

Für die nächsten 2,5 Monate sollte ich meinen gewohnten Komfort recht schnell an den Nagel hängen. Ich sag's mal so: In Deutschland kennen wir einen recht hohen Lebensstandard. Auf Zypern reicht auch ein Duschvorhang als Badezimmertür. Dazu später mehr. George öffnete mir die Eingangstür von der Rückseite des Hauses.

Die Rückseite des Hauses

In Deutschland würde man bei dem Anblick denken, dass das hier allerhöchstens eine Garage für ein Auto oder eine Werkstatt sein könnte. Da ich aber durch meine vorherigen Reisen gelernt hatte, immer offen zu bleiben, hatte ich keine Erwartungen und schaute nun erst einmal, wie es nach dem Betreten der Wohnung so aussieht. Und drinnen war ich echt zufrieden. Zudem hatte ich mein komplett eigenes Reich in der ersten Etage, inklusive Balkon. Das größte Problem waren jedoch Ameisen, der echt laute Kühlschrank in meinem Zimmer, Kakerlaken und die zuvor nicht vorhandene Badezimmertür. Ich ging nämlich über eine Stahltreppe in meine Etage (die übrigens auch nur durch einen Vorhang vom

Wohnzimmer getrennt war) und dort war sofort mein Bad. Quasi im Flur. Das bedeutete für mich, dass man mich jeden Morgen auf der Toilette unten im Wohnzimmer hören konnte. Und wer konnte mich denn eigentlich hören, fragt ihr euch sicherlich an dieser Stelle.

Wieder einmal leben in einer Wohngemeinschaft

Meine beiden Mitbewohnerinnen und mein Mitbewohner hätten mich hören können. Denn von nun an lebte ich wieder zusammen mit anderen Menschen. Nicht mit meiner Familie, mit bekannten Menschen, sondern Unbekannten. Mit einer Spanierin, einer Polin und einem Griechen. Also wieder eine Menge internationale Einflüsse und unterschiedliche Kulturen, die hier aufeinandertrafen. Für mich perfekt, denn ich wollte ja jederzeit neue Dinge sehen, andere Perspektiven kennenlernen und alles Mögliche über verschiedene Kulturen hören. Rückblickend muss ich auch an dieser Stelle sagen, dass es mir bei dem Praktikum nicht hauptsächlich um meine Arbeitsstelle ging, sondern einfach darum, in einem anderen Land für eine gewisse Zeit zu leben. Ziemlich cool war auch, dass die Zimmer in dem Haus, in dem ich lebte, immer an die PraktikantInnen meiner Arbeitsstelle vermietet wurden. Somit waren meine beiden Mitbewohnerinnen nicht nur meine Mitbewohnerinnen, sondern auch meine Kolleginnen. Das konnte manchmal jedoch ein bisschen anstrengend werden, da wir wirklich fast jeden Tag komplett miteinander verbrachten. Die Zeit beim Praktikum im Büro, die Zeit in der WG und unsere Freizeit, wenn wir gemeinsam Ausflüge unternahmen.

Auf zum Praktikum

Das Praktikum absolvierte ich beim „Dorea Educational Institute“ im Marketingbereich. Dorea ist eine non-profit Organisation, die verschiedene Kurse im Bildungsbereich organisiert und durchführt. Ich beschäftigte mich überwiegend mit ihrer Instagram Seite, erstellte Werbevideos und Fotos. Da ich zur Corona-Zeit dort war, war es deutlich ruhiger bezüglich der Kurse, die normalerweise angeboten werden und wir verbrachten die meiste Zeit im Büro. Die Zeit hat sich manchmal wie Kaugummi gezogen, aber immerhin war der Raum klimatisiert und somit saßen wir statt bei 40 Grad Außentemperatur in einem schönen kühlen Großraumbüro bei angenehmen 25 Grad. Oft unterhielten wir uns alle einfach miteinander, statt zu arbeiten und versuchten die Zeit mit interessanten Gesprächen zu füllen.

Zypern entdecken und verstehen: Ohne Auto nicht möglich

Somit sollte es so kommen, dass unser Vermieter George mir das Autofahren auf Zypern beibringen wollte, damit ich die Insel mit einem Mietwagen erkunden konnte. Und er meinte es wirklich ernst. Abends spät klingelte er an der Haustür und meinte recht entspannt: „Jan, let's go I will show you how to drive in Cyprus". Dass auf Zypern Linksverkehr war, wurde mir erst nochmal so richtig bewusst, als ich links ins Auto einsteigen wollte und George mich verwirrt anschaute. „Na das kann ja was werden" , dachte ich mir und saß ein paar Sekunden später rechts vorne im Auto, mit dem Schaltknauf links, dem Blinker-Hebel rechts, dem Scheibenwischer-Hebel links, dem Gaspedal auf der linken Seite und dem Bremspedal auf der rechten Seite. Eine Kupplung gab es nicht, denn der Wagen hatte zum Glück ein Automatikgetriebe. Trotzdem war das Fahren dadurch nicht leichter. Ich steuerte den Wagen langsam vom Hof auf die nur noch von

Laternen, Ampeln und Scheinwerfern beleuchteten Straßen

Limassols. Statt nach rechts zu blinken, schaltete ich den Scheibenwischer ein. „Achja, der richtige Hebel ist auf der anderen Seite“. Ihr müsst im Hinterkopf behalten, dass ich noch nie im Linksverkehr unterwegs war, die Stadt erst seit 5 Tagen kannte und mich nun auf der linken Spur der Straße mit einem fremden Auto bewegte. Alles fühlte sich falsch an und dazu noch so, als hätte ich gerade die erste Fahrstunde in meinem Leben. Kreisverkehr: George wollte es wirklich wissen! Linksrum durch einen Kreisverkehr fahren?? Das klingt völlig wahnsinnig, aber einen Moment später war ich schon mittendrin und schwitzte bei entspannten 30 Grad meinen Angstschweiß in den Sitz meines Vermieters aus. Ich glaube, irgendwann wurde es George dann auch zu heikel. Somit steuerten wir nach einer knappen halben Stunde wieder unser Zuhause an. Bis heute bin ich George echt dankbar, dass er mich aus der Komfortzone gelockt hat. Ohne Auto wäre es nämlich nicht möglich gewesen alle schönen Orte auf Zypern zu entdecken, da die Infrastruktur nicht sonderlich gut ist. Zum Glück hatte George noch einen Freund, der Autos vermietete. Einen Tag später rief ich seinen Kumpel an und konnte einen Kleinwagen für 20 Euro inklusive Bring- und Abholservice pro Tag mieten.

Scan mich

Zypern entdecken und verstehen: Auf geht's!

Von nun an nutzte ich jede freie Minute, um Limassol und die komplette Insel zu entdecken. Und dieser luxuriösen Situation mit dem eigenen Mietwagen und einer kostenlosen Fahrstunde sollte noch ein dickes „Sahnehäubchen" aufgesetzt werden: Eine meiner Mitbewohnerinnen lernte jemanden kennen, der schon länger auf Zypern lebte und genau wusste, wo es auf der Insel etwas zu sehen gab. Johnny war ab jetzt unser persönlicher Tourguide und führte uns zu wunderschönen Spots. Nachdem er jedoch ein Wochenende mit uns unterwegs war, wollte er uns in den darauffolgenden Wochen mit seinem eigenen Auto die Insel zeigen. Das war für mich natürlich noch entspannter und dadurch konnte ich mich bei den Ausflügen als Beifahrer zurücklehnen und aus dem Fenster schauen, während mir der warme Fahrtwind um die Nase wehte und die Sonne ins Gesicht schien. Unsere Ausflugsgruppe lernte immer mal wieder neue Leute kennen und somit hatten wir fast jedes Wochenende eine neue Konstellation von Menschen, die auf Zypern umherreiste. Wir hatten einfach eine gute Zeit. Trotzdem sah ich nicht komplett ab von meinen Einzelausflügen an manchen Wochenenden und mietete mir immer mal wieder ein Auto für mich selbst. Dadurch war ich noch unabhängiger.

Ein Abenteuer mit einem plötzlichen Ende

Corona war während der Zeit auf Zypern immer präsent. Dass die Fallzahlen in einem sehr kurzen Zeitraum bedrohlich ansteigen konnten, war mir nicht wirklich bewusst und damit hatte ich auch nicht gerechnet. Es sollte allerdings Anfang November so aussehen, dass Covid-19 sich auf der kleinen Insel Zypern rasant verbreitete und mein Flug nach Deutschland aus Sicherheitsgründen gestrichen wurde. Mein zweiter gebuchter Flug wurde kurze Zeit ebenfalls gestrichen. Eigentlich wollte ich kurz vor Weihnachten erst bei meiner Familie sein, jedoch war die Wahrscheinlichkeit mittlerweile sehr hoch, dass ich gar nicht mehr nach Deutschland kommen könnte. An Weihnachten nicht zuhause sein, das hätte ich meiner Familie nicht antun können. Ich schaute also weiter nach Rückflügen und der einzig verfügbare Flug ging bereits Mitte November, statt wie geplant Mitte Dezember. Meiner Chefin vom Praktikum war die ernste Lage bewusst und dadurch war klar, dass ich mein Praktikum auch einen Monat früher beenden konnte. Zu diesem Zeitpunkt hatte niemand eine Ahnung, wie sich die Lage noch entwickeln könnte. Besonders auf einer so kleinen Insel wie Zypern. Und ich persönlich hatte übrigens keine Lust dort festzusitzen, auch wenn das Leben dort echt entspannt war. Meine beiden Praktikums-Kolleginnen verabschiedeten sich ebenfalls. Für sie ging es auch zurück zu ihren Eltern. Ich versuchte meine verbleibende Zeit so gut es ging zu nutzen und machte noch einige Ausflüge mit Johnny und einem anderen Kumpel. Und dann hieß es plötzlich, deutlich früher als jemals gedacht, nach bereits 2,5 Monaten: „Tschüss Zypern!“. Noch viel schneller verlief meine Rückreise und als meine Schwester und ihr Freund mich am Flughafen in Köln abholten, ich kurze Zeit später wieder in meinem Kinderzimmer in der Eifel saß, hatte ich das Gefühl, ich wäre nie weggewesen.

THROWBACK
TAGEBUCHEINTRAG - 13.11.2020

Die Sachen sind gepackt. Ich sitze wieder in einem fast leeren Zimmer, in dem ich einen kurzen Abschnitt meines Lebens verbracht habe. Irgendwie habe ich mich auch hier für die Zeit wieder wie zuhause gefühlt und habe mein Zimmer liebgewonnen. Die Couch, meinen Balkon, meinen sehr lauten Kühlschrank, das auseinanderfallende Bett, das Badezimmer mit den beiden Kakerlaken, die Klimaanlage und auch den Rest der WG. Ich habe wieder festgestellt: Man kann sich überall wohlfühlen und wie zuhause, wenn man nur die richtigen Menschen um sich herum hat. Morgen werde ich noch ein vorerst letztes Mal mit meiner Truppe von hier zusammensitzen und einen schönen Abschied feiern. Ich fliege mit gemischten, unsicheren Gefühlen nach Deutschland und bin gespannt, was mich dort erwartet.

♦ Dezember 2020 bis April 2021: Heimat ♦

-

Mein ewiger Kampf mit Corona

Da saß ich also SCHON wieder einmal in der Eifel. Zum ersten Mal verspürte ich einen richtigen Hass gegen mein Dorf und gegen die Gesamtsituation. Niemand konnte so wirklich etwas für das, was gerade in der Welt abging, und trotzdem war ich total sauer. Warum musste dieses Virus gerade jetzt, in dieser Phase meines Lebens, die gesamte Welt lahmlegen? Dabei hatte ich keinen Grund mich zu beschweren. Ich war gesund, meine Familie war gesund und ich hatte ein Dach über dem Kopf. Anderen Menschen ging es diesbezüglich deutlich schlechter. Trotzdem fühlte ich mich nicht gut und ich begann meine Gedanken in meinen ersten eigenen Liedern zu verarbeiten. Vielleicht hätte ich damit ohne Corona niemals angefangen. Vielleicht hatte alles wieder einen Sinn und dieses Virus sollte das in den letzten Jahren zu schnell gewordene Leben der meisten Menschen entschleunigen und uns ins Hier & Jetzt zurückholen. Uns bewusst machen, was wirklich wichtig ist und was wir mehr schätzen sollten. Darüber habe ich den Song „Hier & Jetzt“ geschrieben. Hört gerne einmal rein:

Scan mich

Obwohl ich versuchte, diese Zeit mit Sinnhaftigkeit zu füllen und einen Grund in allen Geschehnissen zu sehen, wollte ich mir die Jahre meines jungen Lebens nicht einfach so stehlen lassen. Ich überlegte, wie ich wieder unterwegs sein könnte, ohne das Risiko einer Ansteckung einzugehen und recherchierte viel im Netz. Durch einige YouTube Videos keimte wieder eine neue, verrückte Idee in mir auf: Vollzeit im Van leben – das ist es! Statt meinen Plan konkret auszuarbeiten und ihn dann erst mit meinen Eltern zu besprechen, musste ich ihnen sofort von meiner Idee erzählen. Die waren natürlich überhaupt nicht begeistert und konnten sich das gar nicht vorstellen. Sie hatten doch gehofft, dass ich nun mit meinem abgeschlossenen Studium endlich ins „normale" Berufsleben einsteigen würde. Mein Vater meinte zu meiner Idee nur: „Dat is doch e levve wie ne Köter." - das ist Eifler Platt-Deutsch und heißt übersetzt: „Das ist doch ein Leben wie ein Hund." Irgendwie hatte er recht. Trotzdem wollte ich, wie so oft, nun besonders zeigen, dass nichts unmöglich ist. Nach monatelanger Suche, in der ich jeden Morgen aktiv auf allen möglichen Portalen nach einem Van meiner Preisklasse suchte und oftmals unbrauchbare Busse begutachten fuhr, sollte ich endlich mein neues mobiles Zuhause gefunden haben. Nachdem meine Eltern gemerkt hatten, dass ich diese Idee ernst gemeint hatte und einfach nicht locker ließ, unterstützten sie mich auch bei der Abholung und fuhren mit mir in die Nähe von Stuttgart, wo ich einen blau-weißen Renault Master kaufte. Fragt mich bitte nicht, wie der vorherige Besitzer auf die Idee gekommen war, den Bus in dieser Aufteilung zu lackieren. Aber die auffällige Lackierung führte bereits auf dem Heimweg dazu, dass die Polizei uns kontrollierte. Nachdem meine Mutter und ich die Beamten angrinsten, als sie neben uns im Streifenwagen anhielten, wurde diesen jedoch schnell klar, dass wir nichts zu verbergen hatten. Nach einem kurzen, netten Gespräch und einer gewöhnlichen Kontrolle, durften wir somit die Weiterfahrt problemlos antreten.

Da stand er: Mein Traum in blau und weiß. Ich hatte mein Erspartes fast komplett auf den Kopf gehauen und war „All-In“ gegangen, damit ich diese Idee in die Tat umsetzen konnte. Zum damaligen Zeitpunkt hatte ich noch das Gefühl, ich müsste jederzeit meine Karriereleiter hochklettern und wollte die Zeit, in der ich komplett im Van leben würde, für meine berufliche Zukunft nutzen. Schnell wurde mir klar, dass ich mit Straßenmusik Geld verdienen würde und dadurch auch Kontakte in ganz Deutschland knüpfen könnte. Das war mir aber nicht genug. Zusätzlich wollte ich einen Reiseblog im Internet schreiben, die Leute auf Instagram mitnehmen, ein Interview-Format auf YouTube starten mit für mich interessanten Menschen, kleine Vanlife-Konzerte spielen und eine Dokumentation über diese Zeit produzieren. All diese Ideen verwirklichte ich dann unter dem Motto „Hier & Da Kreativ“. Deswegen lackierte ich „Hier & Da Kreativ“, das Logo und meine Social-Media-Kanäle auf den Van. Ganz schön viel, was ich mir da vorgenommen hatte und somit waren die Tage später von morgens bis abends total überfüllt. Und da ich in diesem ganzen Gewusel meine Erlebnisse nicht im Stress verlieren wollte, startete ich am ersten Abend mit dem Schreiben eines Tagesbuchs. In erster Linie habe ich die ganzen Erlebnisse für mich niedergeschrieben. Später entschied ich mich dazu, aus diesem Tagebuch in Kombination mit meinem aufgenommen Videomaterial, die Dokumentation „ .INTENSIV. “ zu produzieren. Alles, was ich während meiner Vanlife-Zeit erlebt habe, habe ich in diesem Film dokumentiert. Sobald du den QR-Code im nächsten Kapitel scannst, gelangst du zum Film. Viel Spaß!

TIPP FÜR ALLE VANLIFE-INTERESSIERTEN

Schreibt auf jeden Fall Tagebuch. Während einer Reise mit dem Van passieren so viele Dinge, weil man immer mitten im Leben ist. Man kann sich nicht in seine Wohnung zurückziehen, sondern steigt aus dem Bus und steht voll in der Realität. Und da das mobile Zuhause recht klein ist, hält man sich darin auch nicht lange am Tag auf. So war es zumindest bei mir. Und damit man die täglichen Ereignisse verarbeiten kann, hilft ein Tagebuch ungemein.

♦ Mai bis November 2021: Vollzeit im Van unterwegs ♦

-

Leben auf 4 Quadratmetern

Hier gelangst du zu meiner Vanlife-Dokumentation

THROWBACK TAGEBUCHEINTRAG – ENDE VANLIFE UND ANKUNFT HAMBURG

Tag 150: 150 Tage Reiselust, 150 Tage mit täglicher Ungewissheit, 150 Tage „on the road". Bevor ich Anfang Juni in meinen blau-weißen Van stieg, hatte ich viele Pläne und eine ganz genaue Route. Schnell wurde klar, dass dieser Plan nicht aufgeht und dass meine konkrete Vorstellung sich sowieso jederzeit verändert und einen anderen Weg einschlägt. Ich habe viel erleben dürfen in dieser Zeit, so viele Menschen kennengelernt und dadurch auch eine Menge über mich selbst erfahren. Ich habe aber auch Tiefphasen erlebt und an der Sinnhaftigkeit meines Vorhabens gezweifelt. Nach knapp 5,5 Monaten lasse ich mich an einem festen Ort nieder. Nicht lange - aber eine gewisse Zeit, um Kraft zu tanken und neue Ideen zu entwickeln. Ich bin gespannt, was Hamburg für mich bereithält. In diesem Sinne „Moin, Moin!"

♦ November bis Dezember 2021: Hamburg ♦

-

Den Norden Deutschlands austesten

Mein Van stand schneebedeckt vor dem Haus meiner neuen WG in Hamburg Rahlstedt. Lange Zeit hatte ich überlegt, was ich machen würde, sobald es mir im Van zu kalt werden würde und schließlich entschloss ich mich dazu nach Hamburg zu ziehen. Die im Norden liegende Metropole hatte ich bisher noch nie wirklich erkundet.

Auf meine Unruhe legte sich langsam ein dünner Film aus Entspannung und Vorfreude auf Weihnachten. Mit diesen Gefühlen saß ich da in meinem Zimmer. Ein Zimmer war meine Unterkunft allerdings weniger, sondern mehr eine Kammer. Ich fühlte mich dort aber sehr wohl auf diesen zehn Quadratmetern. Der Raum war gerade so groß genug für einen Schreibtisch und ein Bett. Mit kleinen Unterkünften kannte ich mich aber jetzt auch aus, nach einem halben Jahr im Van. In meiner WG lebte neben mir eine Tür weiter ein Mitbewohner und in der ersten Etage unter mir meine Vermieterin. In der ersten Etage waren auch das Bad, die Küche und ein Wohnzimmer. Im Erdgeschoss war noch eine zweite eigene Wohnung, wo noch eine komplett eigene WG mit drei Bewohnern lebte. Das Einzige, was mich bei dieser Unterkunft störte, war der Fakt, dass ich zum Duschen immer in den Keller gehen musste, weil nur dort eine richtige Dusche verbaut war. Und in dieses Badezimmer konnte ich immer nur gelangen, indem ich außen ums Haus lief und im Garten die Kellertreppe herunter ging. Zu dieser Jahreszeit war das echt „arschkalt“ und ungemütlich. Aber auch daran gewöhnte ich mich nach einer kurzen Phase der Eingewöhnung und fühlte mich sehr schnell wohl in meinem Zuhause für die nächsten 1,5 Monate. Auch mit meiner Mitbewohnerin und Vermieterin verstand ich mich sehr gut, sodass wir oft gute Gespräche in der WG-Küche führten.

Die Entspannung lässt nach

Trotz eines gemütlichen Zimmers und einer sicheren Unterkunft für die nächsten sechs Wochen schien es für mich nach einer kurzen Phase des Ankommens wieder unmöglich zu entspannen und den Wind aus den Segeln zu nehmen. Ich meine: Wann hatte ich das im letzten halben Jahr mal, dass ich mich für sechs Wochen nicht um einen neuen Schlafplatz beziehungsweise einen neuen Stellplatz kümmern musste? Ich wollte einen Grund dafür finden, dass ich jetzt so lange an einem Ort war und die Zeit so gut es geht nutzen. Für mich war klar, dass ich in meinem kleinen Zimmer, an meinem schönen Schreibtisch von nun an das Filmmaterial, das ich während meiner Vanlife-Zeit produziert hatte, zu einer Dokumentation zusammenschneiden würde. Somit saß ich von nun an täglich am PC, erarbeitete meine Dokumentation „.INTENSIV.“ und verdiente Geld mit Straßenmusik in den verschiedensten Stadtteilen von Hamburg. Und mein Ansatz im Leben, ständig in Bewegung zu bleiben, sollte mir auch zu diesem Zeitpunkt wieder helfen. Ich spielte in Rahlstedt in der Fußgängerzone und wurde an einem Abend plötzlich von einem Herrn mit seiner Frau angesprochen. Sie hatten mir eine Zeit beim Musikmachen zugehört. Die zwei fragten mich, ob ich nicht Lust hätte, auf ihrer Glühweinparty im Garten in der nächsten Woche zu spielen. Ich sagte zu und war sehr glücklich über diese Anfrage. Sowas ergibt sich immer nur, wenn man wieder wagt und die Dinge einfach anpackt. Der einfache Weg zu diesem Zeitpunkt und dieser kalten Jahreszeit hätte so ausgesehen, dass ich, statt in eine WG nach Hamburg zu ziehen, zu meinen Eltern in die Eifel gefahren wäre. Aber dort hätten sich wahrscheinlich nicht solche Dinge ergeben und ich hätte keine neuen Menschen kennengelernt und Kontakte geknüpft. Die beiden fragen mich bis heute noch an, ob ich auf ihren Festen spielen möchte.

Für Hamburg gab es einen bestimmten Grund

Ich muss an dieser Stelle doch zugeben, dass ich nicht einfach so nach einer Unterkunft in Hamburg gesucht hatte. Diese Entscheidung traf ich, weil ich irgendwann mal eine Zeit meines Lebens in Hamburg verbringen wollte aber auch, weil ich dort vor allem einen Schauspielkurs absolvieren wollte. Schon lange hatte ich mit dem Gedanken gespielt, in die professionelle Richtung des Schauspiels zu gehen und vielleicht sogar eine Ausbildung zu absolvieren. Ich recherchierte Monate zuvor im Netz und suchte nach einem für mich passenden Schnupperkurs an einer Schauspielschule. Zuerst sollte es nach Berlin gehen, um dort einen dreimonatigen Kurs zu absolvieren. Das war dann jedoch geldtechnisch leider nicht drin und folgte an einem späteren Zeitpunkt meines Lebens.

Ich schaute nach kürzeren Kursen und fand statt einem dreimonatigen Kurs einen dreitägigen Kurs in Hamburg. Es war also klar für mich: Es geht nach Hamburg für die nächste Zeit. Und dieser Kurs war einer der intensivsten Dinge, die ich zum damaligen Zeitpunkt in meinem Leben gemacht hatte. Auch, wenn er nur drei Tage dauerte, verlangte er mir sehr viel ab und öffnete mir die Augen bezüglich des Berufs eines Schauspielers. Danach war ich noch mehr vom Schauspiel angetan und wollte zusätzlich den Bereich Musical ausprobieren. Somit buchte ich auch einen zweitägigen Kurs an einer Musical-Schule in Hamburg, der Heimat des deutschen Musicals. Ich wollte mich weiter im Rampenlicht und in der Rollenwelt ausprobieren und empfand Hamburg zu diesem Zeitpunkt als genau richtig.

WG-Leben oder eigene Wohnung?

Während dieser wieder einmal so intensiven Zeit meines Lebens, stellte ich fest, dass ich, sobald ich von meinen öffentlichen Tätigkeiten nach Hause kam, meine absolute Ruhe und meine eigenen vier Wände brauchte. Das lag nicht an meinen MitbewohnerInnen in Rahlstedt, sondern einfach an mir. Ich entschloss mich außerdem dazu, den Kurs an der Schauspielschule auf drei Monate zu verlängern und suchte somit ab jetzt nach einer eigenen Wohnung im Hamburger Umland. Die Zeit in der WG ging langsam zu Ende.

Stolpern und Finden

Ich habe euch erzählt, dass ich während der Zeit in Hamburg mit Straßenmusik Geld verdient habe. Dafür fuhr ich auch öfters mal nach Buxtehude, weil ich die Kleinstadt zuvor auf meiner Vanlife-Reise ins Herz geschlossen hatte und die Zeit dort einfach cool war. Eines Tages stand ich somit in Buxtehude auf der Straße und spielte wieder einmal meine zehn Standard-Songs. Plötzlich sprach mich eine junge Frau an und fragte, ob wir nicht gemeinsam ein bisschen Musik machen sollen. Ich stimmte zu, wir unterhielten uns und irgendwann erzählte sie mir, dass sie bald aus Buxtehude wegziehen müsse und jemanden zur Zwischenmiete für ihre Einzimmer-Wohnung suche. Das konnte echt nicht wahr sein! Wieder einmal wurden mir die Lösungen für meine Probleme vor die Füße gelegt und ich stolperte in den nächsten Abschnitt meines Lebens hinein. Ab Januar sollte ich für drei Monate einen Schauspielkurs in Hamburg an einer Schule absolvieren und in meiner eigenen Wohnung in Buxtehude leben.

♦ Januar bis März 2022: Leben in Buxtehude ♦

-

Diese Stadt gibt's wirklich? Und die Frau, die auf einmal da war

Vor nicht allzu langer Zeit witzelte ich noch über Buxtehude und besonders als Kind lachte ich mit meinem besten Freund über den Spruch „Dann geh' doch nach Buxtehude", was so viel bedeutet wie „Dann hau' doch ab ins Nirgendwo". Tja, und wo wohnte ich jetzt? In Buxtehude.

Übrigens: Viele von euch fragen sich bestimmt mittlerweile, wo denn eigentlich mein Van zwischendurch abgeblieben war, mit dem ich so lange unterwegs durch Deutschland tourte und der zudem mein Zuhause darstellte. Eigentlich wollte ich mit meinem mobilen Haus kurz vor Weihnachten zurück in die Eifel zu meinen Eltern fahren und ihn dort dann erstmal parken. Soweit sollte es nur leider nie kommen: Am 21.12.2021, als ich die Heimreise von Hamburg aus am Morgen antreten wollte, sprang die Karre nicht an und ich musste, wie so oft, den ADAC rufen. Ein Mitarbeiter half mir den Motor vom Van wieder zum Laufen zu bringen, aber er sagte mir außerdem, dass ich besser nicht mehr so eine weite Strecke von Hamburg bis Köln mit diesem Auto fahren sollte. Nachdem der Van wieder lief, musste ich mit einem großen Schrecken feststellen, dass kaum noch Diesel im Tank war und den Motor abschalten konnte ich so schnell nicht, weil er dann wieder nicht mehr angesprungen wäre. Somit fuhr ich, soweit es ging und tankte an der nächsten Tankstelle. Nachdem ich

dort den Motor abschaltete und kurze Zeit versuchte, ihn wieder zu starten, ging immer noch nix. Somit ging es wieder nicht weiter. Der ADAC musste mir erneut helfen. Während der Vanlife-Zeit habe ich diesen Service bestimmt 7 Mal genutzt. Dieses Mal wollte mein alter Begleiter aber auch nicht mehr mit Hilfe anspringen. Ich stand da, mit meinem ganzen Gepäck aus meinem WG-Zimmer in Hamburg Rahlstedt und musste alles ausladen. Der Van wurde mit einem Sammel-Transporter einige Wochen später in die Eifel geschickt. Und damit meine ich wirklich, dass ich von Ende Dezember bis Anfang Februar darauf gewartet habe, dass mein Wegbegleiter in meiner Heimat angeliefert wurde. Keine Ahnung, wo der Van in dieser Zeit überall hergefahren ist. Nun musste ich aber zuerst mal von der Tankstelle zu einer ADAC-Service Stelle, um dort einen Leihwagen für meine Reise nach Köln zu bekommen. Zum Glück wollte Jil, die ich ja erst kurze Zeit vorher in Buxtehude kennengelernt hatte, an dem Tag ebenfalls in Richtung Westen und konnte mir somit helfen, mit ihrem Auto zu der nächsten ADAC-Service Stelle zu gelangen und von dort mit dem Leihwagen nach Köln zu fahren.
Der Van, so stellte sich später nach mehreren Werkstattbesuchen heraus, war leider so durchgerostet, dass sich eine Reparatur nicht mehr gelohnt hätte. Ich verkaufte ihn mit dem Gedanken, dass ich nun vorerst sesshaft in Buxtehude in meiner eigenen Wohnung leben wollte. Natürlich kam es dann aber doch wieder anders.

Mein Van auf dem Abschleppwagen in Richtung Köln.

Unaufhaltsam rastlos

Die Kleinstadt in der Nähe von Hamburg gefiel mir gut. Ich fühlte mich wohl in meiner Wohnung und der dreimonatige Schauspielkurs konnte starten. Kurz vor Beginn meldete sich allerdings ein Teil von mir, der die ganze Zeit im Hintergrund schon da war. Er wollte mir mitteilen, dass ich den Kurs doch eigentlich gar nicht machen wollte. Ein Teil von mir wollte tief in die Welt des Schauspiels eintauchen und den „normalen" Werdegang eines angehenden Schauspielers inklusive Schauspielausbildung an einer Schule gehen. Der andere Teil, und dieser wurde immer präsenter je mehr ich in meiner Wohnung saß und je näher das Startdatum des Kurses rückte, der wollte für immer unterwegs sein und seine Ziele auf seine Art erreichen. Die Unruhe und Zerrissenheit wurden wieder so laut in meinem Kopf. Unerträglich laut. Ich besuchte als Vorbereitung kurze Schauspielkurse mit einer maximalen Länge von zwei bis drei Tagen, um mich mit dem Gedanken anzufreunden, bald für eine längere Zeit mit den gleichen Menschen zusammenzuarbeiten und immer in die gleichen Räumlichkeiten zu gehen. Je mehr ich mich mit diesen Themen beschäftigte und konfrontierte, umso falscher fühlte es sich an. Der Jan mit dem großen Freiheitsdrang wurde so präsent, dass ich ihn nicht mehr ignorieren konnte. Eine Idee in meinem Kopf, die schon lange da war und sich deutlich besser anfühlte, keimte auf und drängte sich unaufhaltsam in den Vordergrund.

Weit weg und dem Freiheitsdrang auf der Spur

Schon lange während meiner Jahre als Reisender spielte ich mit dem Gedanken, einmal in die USA zu reisen. Eigentlich gab es keinen ungünstigeren Zeitpunkt als jetzt, weil ich doch eine Wohnung hatte und den dreimonatigen Schauspielkurs bereits angezahlt hatte. Zudem war ich wirklich sehr knapp bei Kasse. Aber irgendwas in mir sagte mir, dass ich jetzt in die USA gehen sollte. Egal, wie ich es machen würde. Meine Schwester arbeitet zum Glück im Reisebüro, konnte mir mit den Flügen helfen und mich generell ein wenig beraten. Mein generelles Vorhaben: Nach Los Angeles fliegen und meinen Rückflug drei Monate später von New York nehmen. Jan, wer hat dir eigentlich ins Hirn gesch*****? Das würde ich den damaligen Jan fragen. Mein damaliges Ich dachte sich nur: „Das wird schon irgendwie funktionieren. Ich trampe einfach, schlafe bei Leuten auf der Couch und arbeite mal hier und mal da. Zudem habe ich meine Gitarre im Gepäck und spiele überall auf den Straßen Amerikas.“ Den Gedanken die United States of America innerhalb von drei Monaten von Westen nach Osten einmal zu durchqueren, verwarf ich spätestens, als ich während meines Hinflugs aus dem Fenster schaute und die gigantischen Weiten nur erahnen konnte. Dazu aber später mehr. Der Plan stand nun fest. Die Unruhe in mir hatte wieder gesiegt und mich zu einem neuen – dieses Mal – gigantischen Abenteuer gezwungen. Ich sagte den Schauspielkurs ab und kündigte die Wohnung einen Monat früher für Ende Februar, statt wie geplant für Ende März. Denn im März wollte ich das Trampen einmal ausprobieren, bevor ich auf die große Reise in die USA startete. Ich wollte wenigstens ein Gefühl dafür bekommen. Das Deutschland und Europa allerdings nicht die USA sind, da dachte ich zu diesem Zeitpunkt noch nicht wirklich drüber nach.

Straßenmusik und die Frau, die auf einmal da war

Von nun an stand ich nur noch täglich auf den Straßen von Hamburg und Buxtehude. Mit meiner Gitarre in der Hand und einer sanft geölten Stimme. Ich wollte mir ein wenig Geld für meine große Reise „in den Hut spielen“. Das lief, wie immer, mal besser und mal weniger gut. Aber eins, was ich bis heute sehr an der Straßenmusik schätze, sind stets die Begegnungen mit den verschiedensten Menschen. Dabei hatte ich schon viele nette Frauen kennengelernt, aber eine haute mich plötzlich komplett aus den Socken. Und das in Buxtehude! Sie tauchte aus dem Nichts auf und ging in einem ganz stolzen, aufrechten Gang an mir vorbei. Ich schaute ihr nach, aber sie merkte es nicht. Ein zweites Mal von links nach rechts: Wieder dieser unglaublich selbstbewusste, aufrechte Gang. Diese langen, rot-blonden lockigen Haare, ein einzigartig leicht geschminktes Gesicht und Stiefel mit Tiger-Muster. Dazu eine etwas längere dunkel-braun matte Lederjacke. Sie sah aus wie eine Fee. Sie war wirklich eine Erscheinung, wie ich sie während meiner nun neunmonatigen Straßenmusik-Zeit noch nie gesehen hatte. Ein drittes Mal lief sie an mir vorbei, weil sie scheinbar etwas im vorherigen Geschäft vergessen hatte, und dieses Mal musste ich etwas sagen. Ich hätte mir wahrscheinlich sonst für immer in den Hintern gebissen. Ich sprach sie an mit den unglaublich einfallsreichen Worten: „Hey, du siehst cool aus!“. Was Besseres ist mir in dem Moment spontan leider nicht eingefallen und zum Glück reagierte sie darauf mit einem einfachen „Danke!“. Ich sagte ihr, dass sie doch gerne Mal auf meinem Instagram vorbeischauen könnte. Das stand immer vor mir auf einem kleinen, bunten Pappschild. Leider hatte sie kein Instagram, was sie aber noch sympathischer machte. Ich drängte sie fast schon dazu, dann doch wenigstens eine Visitenkarte von mir mitzunehmen. Und das tat sie glücklicherweise auch. Jetzt musste sie sich nur noch bei mir melden, denn ich hatte überhaupt keine Kontaktdaten von ihr. Zwei Tage später ploppte eine Nachricht auf meinem Smartphone auf. Eine unbekannte Nummer. Ihr Name war Fiona.

♦ März 2022: 1000 Kilometer per Anhalter♦

-

Für die Liebe von Hamburg nach Bergen

Beim Lesen des letzten Kapitels ist mir gerade aufgefallen, wie kitschig diese Geschichte klingt. Allerdings ist es genau so passiert. Also, was soll man machen?
Fiona war an dem besagten Tag in Buxtehude unterwegs gewesen und wir hatten uns dort kennengelernt. Ein paar Tage später trafen wir uns nochmal persönlich und versuchten aber klar und deutlich, das Ganze nicht als „Date“ zu bezeichnen. Natürlich war es trotzdem ein Date und ich muss ehrlich sagen, dass ich während des Treffens relativ schnell wieder eine intensive Angst in mir spürte. Dadurch erklärte ich Fiona direkt von Anfang an, dass, egal wo das mit uns vielleicht hinführen würde, ich aktuell keine Beziehung gebrauchen könnte. Ich war doch schließlich ein freier, reisender Künstler. Sie hatte Verständnis dafür und wir gingen alles ganz locker an. Trotzdem trafen wir uns noch einige Male nach unserem ersten Treffen und irgendwann stellte sich heraus, dass wir uns scheinbar doch ganz gerne hatten. Nur keiner von uns beiden wollte das so wirklich zugeben. Fiona, das sollte ich erst bei unserem vorerst letzten Treffen erfahren, lebte nämlich zu dem Zeitpunkt hauptsächlich in Norwegen und war nur zu Besuch bei ihren Eltern in Buxtehude. Wir wussten also beide absolut nicht, wie das mit uns hätte funktionieren sollen. Ich ging ein paar Wochen später in die USA auf

eine vollkommen nicht vorhersehbare Reise und Fiona musste wieder nach Norwegen. Unser letztes Date – und ja ab diesem Zeitpunkt konnte man es so bezeichnen – sollte Mitte Februar 2022 in meinen Kalender eingetragen werden. Nur hatte ich doch noch ein bisschen Zeit bis zu meiner großen USA-Reise und wollte das Reisen per Anhalter ausprobieren.

Auf nach Norwegen

Ohne zu planen, war der Plan wieder plötzlich zu mir gekommen: „Ich fahre per Anhalter von Hamburg nach Bergen in Norwegen und unterwegs besuche ich noch meinen besten Freund Lukas in Malmö (Schweden)“. Ich wollte Fiona nicht einfach so ziehen lassen. Ich hatte zwar keine Ahnung, was das mit uns werden könnte, aber irgendwas in mir sagte mir, dass ich da dranbleiben sollte. Mittlerweile war es Ende Februar, meine Wohnung in Buxtehude war gekündigt und meine Familie hatte mir zum Glück geholfen, meinen ganzen Kram aus der Wohnung in mein Kinderzimmer in meiner Heimat zu bringen.

Etappe Hamburg-Kolding

Am 28. Februar fand die Schlüsselübergabe statt und kurze Zeit später stand ich vor der Haustür mit meinem Rucksack auf den Schultern, meiner Gitarre und einem Pappschild mit der Aufschrift „Flensburg A7, 2G“ in der Hand. Zu dem Zeitpunkt fühlten sich die meisten Menschen erst sicher, wenn sie wussten, dass ich zwei Mal (2G) gegen das Corona-Virus geimpft war. Die Reise von Hamburg nach Bergen hatte offiziell begonnen.

Auf ins nächste Abenteuer!

Ich glaube, es war schon recht lange her, dass mich ein Start für einen Neuanfang so viel Überwindung gekostet hatte wie der Anfang dieser Reise. Ein damaliger Freund setzte mich irgendwo am Stadtrand von Buxtehude an einer Bushaltestelle ab, nachdem wir gefühlte 100 Jahre nach dem

„perfekten“ Startpunkt gesucht hatten und von da an war ich komplett auf mich allein gestellt. Ich lief sehr lange am Straßenrand auf und ab und traute mich nicht so ganz, den Daumen rauszuhalten. Allerdings hatte ich keine Wahl. Mein Freund war schon außer Sichtweite und ich stand im Nirgendwo, wo ich niemanden kannte und mich auch niemand kannte. Nach einiger Zeit startete ich meine Reise dann doch und lächelte verunsichert, während ich den Daumen fast vor die vorbeifahrenden Autos hielt. Und ihr glaubt es kaum: Nach nur wenigen Minuten hielt der erste Wagen an und ich hatte meine allererste Mitfahrgelegenheit. Eine Dame des mittleren Alters begrüßte mich und erzählte mir verständnisvoll, dass sie früher auch viel per Anhalter gereist war. Ich war positiv überrascht von meiner ersten Bekanntschaft dieser Tour. Leider konnte sie mich nicht allzu lange mitnehmen, aber bis zur Autobahnauffahrt der A7 durfte ich sie begleiten. Nach nicht einmal einer Stunde stand ich somit an einer sehr stark befahrenen Hauptstraße, um von dort aus in Richtung Flensburg zu fahren. Die Autos, Lastwagen und Busse rauschten mit einem Affenzahn an mir vorbei. Ich hatte mir zudem keine besonders günstige Position ausgesucht, da es an dieser Stelle keine wirkliche Möglichkeit gab anzuhalten. Plötzlich hielt nach einiger Zeit dann doch ein weißer, langer Bus an. Ich ging langsam zur Tür und schaute hinein. Dort saß ein Handwerker, der gerade auf Dienstreise quer durch Deutschland fuhr. Ich schaute ihn mir kurz an, hörte auf mein Bauchgefühl und stieg schließlich ein. Ich glaube, dass ich nirgendwo in meinem Leben meine Menschenkenntnisse so sehr geschult habe, wie auf meinen Reisen. Beim Trampen hatte ich zudem immer nur einen Bruchteil einer Sekunde Zeit, mich für oder gegen eine Mitfahrt zu entscheiden. Auch dieses Mal hatte ich mich richtig entschieden und der Handwerker und ich tauschten uns über viele interessante Themen aus. Die Fahrt war sehr angenehm und bis hinter Flensburg durfte ich in dem weißen Bus sitzen bleiben. Ich war mit meiner zweiten Mitfahrgelegenheit bereits über das eigentliche Tagesziel hinausgeschossen und stand bei Tageslicht auf einem Rastplatz kurz hinter Flensburg. Ein neues Schild musste ab jetzt her. Eigentlich wäre die nächste große Stadt nun Kolding in Dänemark gewesen, aber ich war nach den letzten beiden Mitfahrgelegenheiten ab jetzt „maximaler Optimist" und entschied mich für die noch 170 Kilometer entfernte Stadt Odense.

Meinem übertriebenen Grinsen sah man den Optimismus stark an

Von nun an hatte mich der Übermut ein wenig überrannt und schnell wurde ich auf den Boden der Tatsachen zurückgeholt. Es lief nicht mehr so rund wie bei den letzten beiden Mitfahrgelegenheiten und ich brauchte weitere 3 Fahrten, um eine Distanz von knapp 90 Kilometern zurückzulegen. Dabei wurde ich von einem jungen Geschäftsmann, einem Dänen, der in Deutschland arbeitete und einer dänischen Lehrerin mitgenommen. Spät am Abend gegen 19 Uhr erreichte ich die Stadt Kolding und war völlig erschöpft.
Zusätzlich hatte ich noch keine Übernachtungsmöglichkeit organisiert und suchte nun am Abend nach einem spontanen Bett. Zum Glück wurde ich schnell fündig bei einem Bed & Breakfast, das direkt an der Hauptstraße in Kolding lag und konnte mich dort am Abend duschen, noch eine Kleinigkeit in der Innenstadt essen gehen und mich dann gemütlich ins Bett kuscheln.

Etappe Kolding-Odense

Für den nächsten Tag hatte ich mir, nach dem vorherigen sehr anstrengenden Tag, eine kleinere Etappe von nur 70 Kilometern vorgenommen. Trotzdem startete ich in den frühen Morgenstunden, wo der Nebel noch über den Feldern lag, und wackelte mit meinem Rucksack, meiner Gitarre und dem Pappschild mit der Aufschrift „Odense“ zur nächsten Autobahnauffahrt. Es war nicht einmal 9 Uhr und keine zehn Minuten vergingen, da hielt eine junge Familie mit einem Caddy an und fragte mich, wo ich denn hinmöchte. Und siehe da: Die drei wollten nach Odense und nahmen mich den kompletten Weg von Kolding bis zu meinem Tagesziel mit. Um 10 Uhr rollte ich über die Stadtgrenze von Odense in den Stadtkern hinein. Dass ich so schnell mein Tagesziel erreichen würde, damit hatte ich niemals gerechnet und somit wollte ich an diesem Tag zum ersten Mal auf einer dänischen Straße musizieren. Ich hatte absolut keine Ahnung, was mich dort erwarten würde und wie die Dänen zu Straßenmusik stehen. Ich spielte zwei bis drei Stunden und hatte ein paar Münzen in meinem Koffer. Schnell stellte sich nach ein paar Gesprächen heraus, dass die Dänen einfach kein Bargeld nutzen. Es lag also schonmal nicht an meiner Musik! Ich beobachtete einen anderen Straßenmusiker in der Fußgängerzone, der keinen Gitarrenkoffer vor sich aufstellte, sondern stattdessen ein Schild mit seiner Bankverbindung und einem QR-Code. Das konnte ja heiter werden, dachte ich mir. Ich versuchte es weiter mit dem guten, alten Bargeld, aber hatte am Abend vielleicht umgerechnet 20 Euro in der Tasche. Damit konnte ich mir keine Übernachtungsmöglichkeit finanzieren und musste somit auf mein Erspartes zurückgreifen. Ich schlief in einer Unterkunft, die ein wenig außerhalb lag. Von dort aus wollte ich am nächsten Morgen unbedingt schnell weiter in Richtung Kopenhagen und dann weiter zu Lukas nach Malmö.

Etappe Odense-Kopenhagen-Malmö

Da meine Übernachtungsmöglichkeit nördlich von Odense lag, ich aber in Richtung Süden musste, damit ich die Autobahn E20 erreichen konnte, musste ich die komplette Stadt am nächsten Morgen erstmal durchqueren. Und was für eine Überraschung: Es gab keine öffentlichen Verkehrsmittel, die mich sofort zur Autobahnauffahrt hätten bringen können. Das hätte ich mir natürlich denken können. Ich stand also im Zentrum von Odense und versuchte eine Mitfahrgelegenheit in Richtung Autobahn zu finden. Das war gar nicht so einfach und erst nach einer halben Stunde erbarmte sich ein älterer Geschäftsherr. Er musste jedoch gar nicht zur Autobahnauffahrt, sondern war früher auch des Öfteren per Anhalter unterwegs und kannte dieses Problem. Dadurch war er so nett, dass er mich zur Autobahn brachte. Und von diesem Spot aus fuhr nun jeder in Richtung Kopenhagen auf die E20. Es dauerte nur einen Moment, bis meine nächste Mitfahrgelegenheit anhielt und mich fast komplett bis nach Kopenhagen mitnahm.

Der Tag lief somit wieder erstaunlich gut und keine zwei Mitfahrgelegenheiten später stand ich am frühen Nachmittag vor den Toren der dänischen Hauptstadt. Mein letzter Fahrer an diesem Tag war ein junger Familienvater, der mir sogar noch ein Croissant mitgab und mich zu Kaffee & Kuchen mit seiner Familie einlud. Ich wollte allerdings nicht, da ich jetzt in die Innenstadt von Kopenhagen fuhr, um mich dort mit meinem besten Freund Lukas zu treffen. Er studierte zu diesem Zeitpunkt dort und wohnte einen Katzensprung weiter entfernt in Malmö. Meine nächsten großen Ziele dieser aufregenden Reise waren erreicht!

Angekommen in Kopenhagen und Beweisfoto mit Lukas

Etappe Malmö-Göteborg

Einige Tage blieb ich bei Lukas und seiner Freundin Marie. Ich konnte meinen Akku dort ein wenig aufladen und mit Lukas zusammen Kopenhagen und Malmö erkunden. Zusätzlich hatte ich ein warmes Bett und ein Badezimmer. Perfekte Voraussetzungen also, um mit viel Kraft nach einer halben Woche wieder loszureisen. Die nächste große Fahrt wartete auf mich und diese Etappe war knappe 300 Kilometer lang. Ich startete in den frühen Morgenstunden eines Montagmorgens und stand bereits um 7 Uhr bei aufgehender Sonne mit „Sack und Pack" auf dem Seitenstreifen einer Schnellstraße. Ich stellte kurz meinen Rucksack ab, hielt den Daumen raus und konnte es wieder einmal nicht glauben: Bereits das zweite vorbeirauschende Auto stoppte einige Meter weit von mir entfernt. Ein wenig misstrauisch schaute ich mir den Wagen an, denn über die Frontscheibe zog sich ein recht großer Riss von links nach rechts. Einen Blick ins Auto auf den Fahrersitz zeigte mir jedoch einen vertrauenswürdigen jungen Chilenen, der auch ein ziemlicher Abenteurer sein sollte, wie ich später während der Fahrt erfuhr. Er erzählte mir, dass er angehalten hatte, weil er selbst schon einmal quer durch Mexiko per Anhalter gereist war und diese Art zu reisen somit ganz genau kannte. Leider war seine Strecke jedoch eine andere, als die, die ich an diesem Tag fahren musste, und dadurch stieg ich bereits nach einer halben Stunde Fahrt wieder aus seinem Wagen aus. Nun stand ich mitten im Nirgendwo. Wieder an einer Autobahnauffahrt und streckte meinen Daumen deutlich sichtbar vor den vorbeifahrenden

Autos aus. Es heißt ja immer wieder, dass man die Menschen anzieht, wie man sich selbst verhält und was man ausstrahlt. Also sollte mein nächster „Taxifahrer“ erneut ein großer Abenteurer sein. Er war in seinen jungen Jahren komplett einmal um die Welt gereist und erzählte mir viele spannende Geschichten. Mittlerweile war er Familienvater und reiste nur noch selten. Seine Erzählungen motivierten mich aber sehr dazu, immer unterwegs und auf der Suche nach Abenteuern zu sein. Er schien mir sehr zufrieden und ausgeglichen, aber auch unsere gemeinsame Fahrt ging schnell zu Ende. Bis hier hin war auf diesem Streckenabschnitt alles wirklich unfassbar gut gelaufen und es war gerade erst Mittag. Göteborg schien quasi um die Ecke, wobei die schwedische Stadt noch gute 1,5 Stunden mit dem Auto entfernt lag. Nun stand ich auf einem Rastplatz und ab diesem Moment war der Wurm drin. Ich stand dort und wartete und wartete und wartete. Nach ca. 2,5 Stunden immer noch keine Mitfahrgelegenheit. Langsam wurde mir mulmig. Hier gab es kein Hotel und nichts. Und sobald es dunkel wird, will man auf solchen Plätzen nicht allein sein. Ich versuchte meine Motivation oben zu halten und meine Ausstrahlung am Straßenrand dadurch zu beeinflussen. Wenige Minuten später hielt ein junges Unternehmerpaar direkt vor meiner Nase. Solche „dicken Karren“ hielten eigentlich nie an. Die beiden Insassen wollten nach Göteborg und konnten mich die restliche Strecke komplett mitnehmen. Wenn ich dem Fahrer und seinen Erzählungen Glauben schenken soll, dann kannte er den Gitarristen von Coldplay. Zumindest erzählte er mir das. Wie wir darauf in unseren Gesprächen gekommen waren? Nun ja, ich hatte Musik von

Coldplay gehört, um mich zu motivieren, er hörte im Auto ebenfalls die britische Popband und wollte im Sommer auf ein Konzert von ihnen in Deutschland. Und warum? Weil er nicht nur Fan war, sondern eben auch den Gitarristen persönlich kannte. Klingt rückblickend irgendwie glaubhaft, oder etwa nicht?
In Göteborg angekommen schaute ich mir den Stadtkern an und überlegte gegen 15 Uhr, noch ein bisschen weiter zu reisen. Schnell bemerkte ich allerdings, dass mein Akku für diesen Tag leer war. Ich entschied mich, nach einer Unterkunft zu suchen und fand mit Glück ein Zimmer. Dort angekommen machte ich es mir gemütlich, ruhte mich aus und checkte meine Nachrichten auf meinem Handy. In diesem Moment hätte diese Reise tatsächlich vorbei sein können. Eine Nachricht von Fiona erschien auf meinem Display:

„Hey shit… ich habe seit gestern Husten und Schnupfen und habe eben mal zur Sicherheit einen Corona-Test gemacht – der ist tatsächlich positiv."
Ich rief Fiona direkt an und wir überlegten, was wir machen wollten. Da ich in zwei Wochen in die USA fliegen sollte, wäre es ziemlich dumm gewesen, mich jetzt noch mit diesem blöden Virus anzustecken. Einen kurzen Moment dachte ich darüber nach, die komplette Strecke nach Deutschland wieder per Anhalter zurückzufahren. Eine Millisekunde später war allerdings klar: Ich reise nach Bergen, selbst wenn ich Fiona dort nicht treffen kann. Besonders, nachdem ich jetzt schon so weit gekommen war. Am nächsten Tag sollte es nur noch nach Oslo per Anhalter gehen und dann von dort aus

mit dem Nachtzug nach Bergen. So kurz vor dem Ziel wollte ich nicht aufgeben.

Etappe Göteborg-Oslo

Am nächsten Morgen wollte ich wieder früh starten, denn nach dem vorherigen Tag hatte ich besonders eines gelernt: Du weißt beim Reisen per Anhalter nie, wie schnell oder wie langsam du vorwärtskommst. Die Bedingungen können sich schlagartig ändern. Leider sollte sich meine Flaute vom vorherigen Tag fortsetzen und ich stand zunächst einmal eine ziemlich lange Zeit am Straßenrand und die Lkws rauschten mit einem Affenzahn nur so an mir vorbei. Dabei sah ich doch immer noch so vertrauenswürdig aus, wie die Tage zuvor. Nach einiger Zeit hielt doch jemand und bot mir an, mich zur nächsten Bushaltestelle zu fahren. Natürlich wollte ich nicht mit dem Bus fahren, aber vielleicht waren die Chancen an der Haltestelle höher und die Bedingungen für einen Halt ebenfalls besser. Einige Minuten später verlor ich meine Hoffnung jedoch recht schnell, denn wirklich niemand beachtete mich an dem neuen Spot. Plötzlich hielt ein Linienbus vor meiner Nase und ganz schnell entschied ich mich dazu einfach in den Bus einzusteigen. Da der Fahrer gesehen hatte, dass ich eine Mitfahrgelegenheit in Richtung Oslo suchte, nahm er mich sogar kostenlos mit. Eine halbe Stunde später sagte er zu mir, dass ich aussteigen muss und erklärte mir, wie ich zur nächsten Autobahnauffahrt komme. Laut seiner Aussage sollte ich bis dorthin nur ein paar Minuten Fußweg vor mir haben. Es stellte sich allerdings heraus, dass es keinen Weg für

Fußgänger dorthin gab und somit schleppte ich mich mit meinem Gepäck hinter der Leitplanke entlang der viel befahrenen Straßen. Zu diesem Zeitpunkt befand ich mich wieder einmal mitten im Nichts und die Zeit lief mir davon. Das klingt stressig? Ja, das war es auch! Aber ich hatte mir all das ja selbst zugemutet. Mittlerweile war es schon wieder fast 15 Uhr. Immerhin hatte ich eine Autobahnauffahrt gefunden in der Nähe eines Rastplatzes. Dort war jedoch so wenig los, dass ich nicht zuversichtlich und ziemlich verunsichert langsam meinen Daumen vor die wenigen vorbeifahrenden Autos streckte.

TIPP FÜR ANGEHENDE TRAMPER*INNEN

Falls ihr irgendwann mal per Anhalter reisen wollt, dann vertraut immer eurem Bauchgefühl. Es sind bei jeder Mitfahrgelegenheit nur Bruchteile von Sekunden, die ihr habt, um zu entscheiden, ob ihr eine angebotene Fahrt annehmt oder ablehnt. Spürt ihr nur einen Funken von Unsicherheit oder fühlt euch unwohl, wenn ihr in ein Fahrzeug schaut, dann lasst euch eine Ausrede einfallen, warum ihr nicht mitfahren wollt/könnt.

Trotz der wenigen Autos hielt plötzlich zum zweiten Mal bei dieser Reise ein hochwertiges Auto vor mir an. Ein Porsche mit einem Geschäftsmann als Insasse. Er war supernett und meinte zu mir: „Ich fahre komplett bis nach Oslo und komme gerade von einer Geschäftsreise. Steig' doch ein, dann können wir uns ein bisschen unterhalten und die Fahrt ist nicht so lange für mich." Ich konnte mein Glück kaum fassen und war überglücklich. Die Fahrt war sehr angenehm und nach ca. 2,5 Stunden Fahrt war ich in Oslo. Kaum zu glauben: Ich hatte mein Ziel erreicht und war in den letzten Tagen rund 1000 Kilometer von Hamburg bis nach Oslo nur per Anhalter gefahren. Nun hatte ich noch ein wenig Zeit, den restlichen Tag Oslo anzuschauen, bevor am Abend mein Nachtzug nach Bergen fuhr.

Ankunft in Oslo. In der Hand mein Schild mit der Aufschrift der Autobahn E6 in Richtung Norden.

Ankunft in Bergen

Nach einer äußerst anstrengenden Fahrt im Nachtzug von Oslo nach Bergen erreichte ich meine Endstation in den frühen Morgenstunden. Zu diesem Zeitpunkt hatte ich noch keine Unterkunft in Bergen. Da Fiona Corona hatte und mir eine Begegnung mit ihr aktuell zu risikoreich gewesen wäre, suchte ich verzweifelt und völlig erschöpft nach einer

Unterkunft und versendete zahlreiche Nachrichten. Irgendwann gegen 13 Uhr antwortete mir endlich jemand und ich erreichte mein Zimmer für die nächsten Tage. Völlig übermüdet fiel ich ins Bett und schlief mich erst einmal aus. Fiona wollte ich erst am nächsten Tag bei einem Spaziergang treffen. Wir beide hofften, dass ihr Coronatest bald negativ wurde, damit wir mehr Zeit miteinander verbringen konnten. Zudem war mein gebuchtes Zimmer auch nur für drei Tage verfügbar. Nach diesen drei Tagen war Fionas Coronatest immer noch leicht positiv. Trotzdem schlief ich ab jetzt bei ihr, denn ich hatte keine andere Übernachtungsmöglichkeit mehr. Zu eurer Erinnerung: In zwei Wochen ging mein Flug in die USA und wenn ich mir zu diesem Zeitpunkt das Corona-Virus eingefangen hätte, dann wäre die komplette Reise ins Wasser gefallen und das gesamte Geld für Hin- und Rückflug wäre weg gewesen. Das war also eine leichtsinnige Aktion von mir, aber ich kann euch beruhigen: Ich habe mir kein Corona eingefangen und Fiona und ich verbrachten eine wunderschöne gemeinsame Zeit in Bergen. Nur keiner von uns beiden wusste weiterhin, wo das mit uns hinführen würde und nach 2 Wochen trennten sich unsere Wege erst einmal erneut. Aber von nun an stellte Fiona einen großen Teil in meinem Leben dar.

♦ April - Mai 2022: USA ♦

-

Couchsurfing auf einem anderen Kontinent

Meine Reise nach Norwegen lag hinter mir und nun ging es erst wieder einmal für einen kurzen Zwischenstopp in die Heimat zu meinen Eltern. Die waren mittlerweile komplett verwirrt von meinem Leben. Somit stand ich voller Euphorie, einer Menge Geschichten und Erlebnissen im Gepäck am Bahnhof und wartete darauf, dass meine Eltern mich abholten. Von ihrer Seite begegnete mir eine Welle von Fragezeichen über ihren Köpfen, als ich ins Auto stieg. Mir war klar, dass ich in naher Zukunft ein eigenes Zuhause brauchte, wohin ich nach meinen Reisen immer wieder hin zurückkehren konnte. Wo das sein sollte, das wusste ich zu diesem Zeitpunkt noch überhaupt nicht. Generell gab es in dieser Zeit keine einzige beständige Säule in meinem Leben, außer meiner Familie. Eine andere Säule schien sich mit Fiona aufzubauen, wobei diesbezüglich ebenfalls alles andere als Sicherheit vorhanden war.

THROWBACK
TAGEBUCHEINTRAG – 17.03.2022

Fiona hat mir gestern eine Nachricht geschrieben, dass sie nicht weiß, was sie mit mir machen soll. Sie möchte sich nicht weiter auf mich einlassen, weil sie das Gefühl hat, ich halte sie warm. Kann ich gut verstehen. Ich kann mich für nichts wirklich entscheiden. Egal, ob es ein Ort ist, ob es ein Job ist, ob es Freunde sind, ob es eine Beziehung ist. Ich habe in keiner Ecke meines Lebens etwas Festes in der Hand oder etwas, wo ich mir sicher bin. Ich bin immer auf der Reise, in jeglicher Art und Weise. Das ist auch vollkommen in Ordnung, aber dadurch habe ich oft das Gefühl, dass ich nicht richtig lebe. Ich will immer das, was ich gerade nicht habe, will immer an dem Ort sein, wo ich gerade nicht bin, will immer das machen, was ich gerade nicht mache. Immer in einem Spagat. Wann hört das auf? Wann fange ich an für etwas Leidenschaft zu empfinden? Für einen Menschen Gefühle zu entwickeln? Für einen Ort Heimatgefühle zu schaffen? Diese Rastlosigkeit macht mich völlig fertig. In den Zwanzigern kann man wahrscheinlich auch genauso drauf sein, weil wenn nicht jetzt, wann dann? Unterdrücken macht absolut keinen Sinn. Ich lebe es aus und werde weiter graben, bis ich hoffentlich irgendwann schaffe anzukommen... bei irgendwas. Es ist mir egal, was. Ich möchte mich nur mal mit einer Sache in einem Bereich meines Lebens wohlfühlen. Dass Fiona nun auch nur etwas noch von mir wissen will, wenn ich mich auf sie einlasse, macht mich irgendwie traurig. Ich merke, das hat mich doch mehr getroffen als gedacht, dass sie nichts mehr von mir wissen will, wenn ich mich nicht entscheide. Wenn ich nur das Wort entscheiden oder festlegen höre, bekomme ich schon Panik. Ab morgen soll es gutes Wetter geben hier in der Eifel. Ich muss raus. Ich werde ein paar Tage wandern gehen. Kein Social Media, nur ein Handy zum Telefonieren. Zelt. Schlafsack, Buch, Wandersachen, Eifelsteig. Mein Kopf muss klar werden.

Die Tage der langen Wanderung schafften Klarheit und mir wurde bewusst, dass ich Fiona nicht ziehen lassen wollte, aber auch keine Beziehung eingehen konnte, weil ich absolut keine Ahnung hatte, wo mich die Reise in die USA so hinführen wird. Genauso teilte ich ihr das auch mit und sie wollte erst einmal keinen Kontakt mehr, was ich gut verstehen konnte. Trotzdem standen wir nach einer kurzen Pause dann doch wieder im regelmäßigen Kontakt. Und für mich standen die Vorbereitungen für die Reise in die USA jetzt ganz oben auf der Liste. Ich kaufte mir eine faltbare Gitarre – ja sowas gibt es – und entschied mich dazu, nach Madrid mit dem Reisebus zu fahren, statt erneut per Anhalter. Warum ich eine faltbare Gitarre kaufte? Nun, weil diese deutlich günstiger im Transport im Flugzeug war als eine „normale" Gitarre. Und warum ich von Madrid in die USA geflogen bin, statt von zum Beispiel Düsseldorf aus? Nun, weil die Flüge von Madrid nach LA günstiger waren und ohne Umsteigen angeboten wurden. Was ich an dieser Stelle – frei nach dem Motto: „Einfach machen, ohne nachzudenken“ - nicht bedacht hatte, war, dass ich erstmal von meiner Heimat nach Madrid kommen musste. Da würden auch Kosten entstehen, solange ich nicht unter der Brücke schlafen und noch etwas essen wollte. Mein Plan sah in meinem Kopf somit wie folgt aus: Ich fahre in Etappen mit verschiedenen Reisebussen immer nachts, spare mir somit die Unterkunftskosten und spiele tagsüber in den Städten, um mir dadurch Geld für die Verpflegung zu verdienen. Dann sollte ich am Ende ohne ein Minus aus der Reise zum Abflughafen Madrid in die USA rauskommen. Klingt unnötig kompliziert? Ja, das war es auch und brachte mir ein ziemlich kräftezehrendes, zusätzliches Abenteuer.

Mit dem Reisebus in Etappen von Köln nach Madrid

Erinnert ihr euch an das erste Kapitel? An meine Wanderung über die Alpen? Dort habe ich geschrieben, dass ich das Fahren mit dem Reisebus super toll fand und immer versucht habe mit den verschiedenen MitfahrerInnen ins Gespräch zu kommen. Nach der im Folgenden beschriebenen Tour, habe ich das Fernreisen mit dem Bus für immer aus meinem Leben verbannt. Meine Idee in meiner Traumvorstellung sah also wie zuvor kurz beschrieben so aus: Mit Nachtfahrten die Übernachtungskosten einsparen und im Bus schön schlafen und tagsüber die Städte der Zwischenstationen entdecken und mit Straßenmusik ein bisschen Geld für Verpflegung verdienen. Die Realität sah wie folgt aus: Stinkende „Schweißmauken“ vom Fahrgast neben mir, lautes Schnarchen, telefonierende MitfahrerInnen um - ACHTUNG – drei Uhr nachts und völlig übermüdete Busfahrer, sodass ich keinen Moment lang in Ruhe die Augen schließen konnte. Ich erreichte jeden Zwischenstopp völlig übermüdet, putzte mir die Zähne hinter Bahnhöfen, schlief auf Parkbänken und in einem Einkaufszentrum in Paris auf einem Stuhl und wartete in der eisigen Kälte den gesamten Tag auf meine Weiterfahrt am Abend. „So muss man sich also fühlen, wenn man obdachlos ist“, dachte ich mir. Dabei hatte ich doch so eine idyllische Vorstellung von diesem Abenteuer gehabt. Nach drei Tagen ohne ein richtiges Dach über dem Kopf und vielleicht 5 Stunden wirklich erholsamen Schlaf, erreichte ich dann endlich Madrid. In Madrid hatte ich nun noch knapp zwei Tage Zeit, mich von den Strapazen der letzten Tage zu regenerieren, und buchte mir ein Hotelzimmer. Dort angekommen schlief ich mich für 12 Stunden aus und schaute mir das Zentrum von Madrid am nächsten Tag noch ein wenig an. Am nächsten Morgen sollte es dann zum Flughafen gehen, um von dort aus endlich zu meinem eigentlichen ersten großen Ziel, Los Angeles, zu gelangen.

HEMA
BONJOUR
PRINTEMPS

Erste Station: Los Angeles

Bevor ich mich am nächsten Morgen ins Flugzeug nach Los Angeles setzen konnte, galt es allerdings noch eine ziemlich große Hürde zu nehmen. Und diese Hürde beinhaltete den gefürchteten Coronatest. Ich wusste, seit ich bei Fiona war, nicht, ob ich mich vielleicht doch bei ihr angesteckt hatte und hatte mich auch nicht getraut einen Test zu machen. Mir ging es körperlich und gesundheitlich gut, also wofür sollte ich mir unnötige Sorgen machen? Als es dann schließlich zum Testraum im Flughafen Madrid ging, ging mir dann allerdings ganz schön die Pumpe. Sollte der Test positiv ausfallen, wäre meine komplette Reise in die USA ins Wasser gefallen, denn für die Einreise benötigte ich einen negativen Test. Ungefähr eine halbe Stunde musste ich auf mein Testergebnis warten und aktualisierte immer wieder die Internetseite auf meinem Handy, wo mir mein Ergebnis mitgeteilt wurde. Endlich erschien die positive Nachricht auf meinem Display, beziehungsweise war sie zum Glück negativ, also der Test. Von nun an suchte mich nur noch eine weitere Angst heim: meine Flugangst. Ich würde jetzt nicht von einer ausgeprägten Angst sprechen, aber mir geht's schon nicht so gut, wenn ich in so ein fliegendes Taxi einsteige. Zumal das Flugzeug in die USA noch überdimensional groß war und der Flug sehr lange dauerte. Im Flugzeug angekommen, schien die Maschine fast ausgebucht, bis auf ein paar wenige Plätze. Das Glück meinte es an dieser Stelle erneut gut mit mir: Der Platz neben mir war frei und somit hatte ich zwei Plätze nebeneinander nur für mich, was später noch sehr nützlich wurde.

Ich versuchte so gut es ging den Flug zu genießen, doch nach und nach spürte ich starke Schmerzen im Rücken. Später wurde mir abwechselnd heiß und kalt. An dieser Stelle konnte ich mich somit glücklich schätzen, dass der Platz neben mir frei war, denn nun legte ich mich einfach quer auf die beiden Sitze und konnte dadurch ein wenig schlafen. „Das wird ja ein super Start in dieses Abenteuer", dachte ich. Mit der längeren Flugzeit verschlechterte sich mein körperlicher Zustand. Was ich bis zu diesem Zeitpunkt noch gar nicht erzählt habe: Meine erste Station in den USA war ein Freiwilligendienst in den Bergen von Santa Barbara. Eine Kleinstadt, die ca. eine Stunde Fahrtzeit nördlich von Los Angeles entfernt lag. Warum ich das jetzt an dieser Stelle erzähle? Nun, weil ich während des Hinflugs meiner Gastfamilie in Santa Barbara schrieb, dass ich scheinbar krank werden würde und keine Ahnung hatte, was es ist. Ich wollte sie aber auf keinen Fall direkt zu Beginn mit irgendeiner Krankheit anstecken.

Nach einem sehr anstrengenden Flug landete ich endlich und hatte überall Schmerzen am Körper. Die nächste Herausforderung ließ nicht lange auf sich warten: Die Grenzkontrolle. Ich hatte schon viele Horrorgeschichten über die Grenzkontrollen der USA gehört und gelesen, weil dort läuft das Ganze ziemlich streng ab und wenn du Pech hast, kann es passieren, dass du nicht einreisen darfst. Und ich wollte als Freiwilliger bei meiner Gastfamilie arbeiten, was in den USA nicht gerne gesehen wird. Zudem musste ich eine Zieladresse in meinem Visum eintragen und dieses dem Polizisten am Schalter vorzeigen. Diese Adresse beinhaltete die Adresse von meiner Gastfamilie in den Bergen von Santa Barbara. Der Polizist wurde an dieser Stelle direkt recht stutzig und fragte, woher ich denn diese Leute dort kenne. Ich sagte, dass sie Freunde von mir sind, die ich vor ein paar Jahren auf einer anderen Reise kennengelernt hatte. Der Polizist fragte mich weiter aus: Wie viel Geld haben sie zur Verfügung für diese dreimonatige Reise? Wieso haben sie eine Gitarre dabei? Würden ihre Eltern ihnen finanziell helfen, wenn sie hier nicht mehr klarkommen? Wollen sie hier Freiwilligendienst ausüben? Ich wurde immer unsicherer und ich bin mir bis heute sicher, dass der Polizist gemerkt hatte, dass etwas faul an meinen Aussagen war. Er schaute mich ganz genau an, aber hatte vielleicht keine Lust an diesem Tag, oder wollte einfach mal ein Auge zudrücken. Ich weiß es nicht. Jedoch hatte ich nach diesem gefühlt eine Stunde langen Interview endlich den nötigen Stempel in meinem Reisepass und durfte ins Land einreisen. Ihr merkt, dass allein diese Aktion, bis ich über der Landesgrenze war, sehr nervenaufreibend war. Mit der Zeit wird man allerdings immer entspannter. Nun musste ich „nur noch“ mit einem Linienbus von LA nach Santa Barbara gelangen, um dort an der Haltestelle von meiner Gastmutter abgeholt zu werden. Ein völliges Chaos erwartete mich am Ausgang vom Flughafen und ich suchte sehr lange nach meinem Bus. Niemand konnte mir dabei wirklich sagen, wo mein Bus abfuhr, selbst die MitarbeiterInnen vom Flughafen hatten keinen Plan. Irgendwann saß ich dann aber doch im richtigen Bus und fuhr in Richtung Santa Barbara. Dort war es schon spät am Abend und meine Gastmutter begrüßte mich sehr herzlich an der Busstation meines ersten Zielorts. Wir fuhren ca. eine halbe Stunde die Berge hinauf in die Natur, bis wir ein großes Grundstück mit einem wunderschönen Haus erreichten. Mein Schlafplatz für die erste Nacht und leider auch für die darauffolgenden Nächte war allerdings nicht im Haus, sondern in einem Zelt im Garten. Andere junge Leute, die ebenfalls freiwillig dort arbeiteten, schliefen in einer Art Jurte im Garten, die ich am nächsten Tag kennenlernen sollte. Meine Grippe war mittlerweile deutlich besser geworden und völlig erschöpft legte ich mich spät am Abend in mein Zelt.

Freiwilligendienst in Santa Barbara

Am nächsten Morgen fühlte ich mich überwiegend wieder gesund und war nun ziemlich gespannt auf den Ausblick, sobald ich mein Zelt öffnen würde. Einen Moment später zog ich den Reisverschluss meiner Tür nach rechts und schaute geradeaus auf eine dicke Nebelfront. Ich konnte vielleicht fünf Meter vor mich blicken, aber sonst war die Aussicht sehr schlecht. Langsam bewegte ich mich in Richtung Wohnhaus meiner Gastfamilie, damit ich alle begrüßen und mich vorstellen konnte. Zudem war ich voller Tatendrang und war gespannt auf die Aufgaben, die mich hier erwarten würden. Im Haus angekommen blickten mich alle ziemlich entspannt an und die Hunde beschnupperten mich neugierig. Die anderen beiden freiwilligen Helfer lernte ich ebenfalls kurze Zeit später kennen. Viele Aufgaben sollten mich am ersten Tag allerdings nicht erwarten, außer ein paar Sandsäcke von A nach B zu tragen, was meinem Körper ziemlich zusetzte und am Ende von Tag 1 lag ich erneut völlig erschöpft in meinem

Schlafsack. Anscheinend hatte ich mir doch einen Infekt eingefangen, der nun an die Oberschläfe zu kommen schien. Die kommenden Tage verbrachte ich ab jetzt schwitzend und schniefend auf meiner Isomatte und bewegte mich bereits zum Beginn dieser Reise am Rande der Verzweiflung. Ich war noch nicht einmal richtig angekommen oder geschweige denn in das USA-Abenteuer gestartet. Glücklicherweise kümmerte sich meine Gastmutter sehr gut um mich, kochte mir leckeres Essen und schaute mehrmals am Tag nach mir. Die Situation war trotzdem super beschissen, weil ich in einem kochend heißen Zelt lag und mich aber auch nicht in das Haus der Familie einquartieren wollte, da ich niemanden beabsichtigte anzustecken. Mir war das alles total unangenehm und trotz der Fürsorge der Gastfamilie fühlte ich mich hier fehl am Platz. Nachdem ich wieder einigermaßen gesund war, wollte ich etwas zurückgeben und erledigte die wenigen Aufgaben, die mir zugeteilt wurden. Ich wässerte die Orangen- und Zitronenbäume und räumte große Steine mit den anderen beiden Freiwilligen aus dem Garten. Dabei wollte ich doch was „Richtiges" erleben. Ich glaube, meine Ansprüche an meine Reisen waren mittlerweile gigantisch und Zufriedenheit spürte ich nur noch selten. Dabei bemühte die Familie sich wirklich darum, dass es uns allen gut ging: Wir machten einen Ausflug zum Strand von Santa Barbara und fuhren zu einem bekannten Aussichtspunkt. In mir war allerdings wieder so eine extreme Unruhe zu spüren, sodass ich mich so gut wie gar nicht auf diesen Ort und die Menschen einlassen konnte. Mein scheinbar größtes Problem keimte wieder unaufhaltsam in mir auf und ich kämpfte richtig mit mir. Ich versuchte länger zu bleiben und hatte ja wirklich überhaupt keinen Zeitdruck. Aber irgendwie brachte die große Familie und die vielen Menschen auf einem Haufen ein sehr beklemmendes Gefühl in mir hervor, auch wenn alle total lieb waren. Nachdem ich wieder einigermaßen gesund war und durch meine helfenden Hände ein wenig von meiner Seite aus zurückgeben durfte, gab ich mich meinem nach Freiheit schreienden Herz wieder einmal hin und packte meine sieben Sachen nach nur knapp einer Woche zusammen. Ich hatte wieder einmal niemanden so richtig an mich rangelassen und wollte das auch nicht. Ich wollte, wie ein Vagabund, allein unterwegs sein und immer gehen, sobald ich mich nicht mehr wohlfühlte. Ich begab mich mit meinem Rucksack und meiner Reisegitarre in Richtung Norden der westamerikanischen Küste. Mein nächstes Ziel war San Francisco.

Das erste Mal Couchsurfing in den USA

Bei Leuten auf der Couch schlafen: Das war mir nur bekannt aus meiner exzessiven Partyzeit im Studium und auf dem Dorf. Ansonsten war ich immer jemand, der es bevorzugte im eigenen Bett zu schlafen, statt bei Freunden auf dem Sofa. Von nun an sah meine Zukunft so aus, dass ich JEDE Nacht auf einer Couch schlafen würde, im nüchternen Zustand und zusätzlich bei fremden GastgeberInnen. Vor ein paar Jahren hätte ich mir sowas niemals vorstellen können. Aber so war ich nun einmal in diese Reise gestartet: Offen für alles, was kommen wird und ohne ausgearbeiteten Plan. Und dann musste ich mich auf sowas einlassen.

Lange hatte ich im Netz nach einem passenden Gastgeber für meine erste Erfahrung mit Couchsurfing gesucht und schaute dabei ganz genau auf die Bewertungen vorheriger Gäste der GastgeberInnen. Ein Mann Mitte 50, mit dem Namen JT Brown, sollte schließlich meine erste Wahl werden. Am späten Nachmittag fuhr mein Bus von Santa Barbara in Richtung San Francisco. Angekommen in der Flower-Power Stadt schaute ich auf mein Handy und tippte die Adresse ein. JT und ich hatten vorab Kontakt zueinander aufgenommen und er hatte mich gefragt, wo ich denn ankommen würde und mir kurz darauf eine Wegbeschreibung zu seiner Wohnung geschickt. Diese kommentierte er nicht weiter und ich dachte, er ging einfach davon aus, dass ich kein Navigationssystem benutzen könnte. Aufgrund dieser Schlussfolgerung ignorierte ich seine Wegbeschreibung und folgte einfach den Anweisungen meines Smartphones. Ich lief durch dunkle Gassen mit noch dunkleren Gestalten und fühlte mich sofort nicht eine einzige Sekunde sicher. Zudem wurde ich von oben nach unten angestarrt und sah natürlich mit meinem riesigen Rucksack und meiner Gitarre in der Hand aus wie der typische Tourist, der sich verlaufen hatte. Im Nachhinein kann ich von Glück sprechen, dass mir an diesem Abend nichts passiert ist. Denn später sollte ich erfahren, dass das Viertel, durch das ich gelaufen war, das „Tenderloin“ und somit das gefährlichste Viertel in San Francisco war. Nun ergab es auch Sinn für mich, dass JT mir vorab eine Wegbeschreibung zukommen gelassen hatte. Mein Gastgeber und seine Katze begrüßten mich an dem Abend sehr freundlich. Die Wohnung war ziemlich klein. Schlafzimmer, Wohnzimmer und Esszimmer in einem Raum, dazu ein Bad und eine Küche. Ich schlief mit JT in einem Raum. Er in seinem Bett und ich auf einem Klappbett, das ich jeden Abend aus einer kleinen Abstellkammer zog und aufbaute. Da musste man sich schon gegenseitig vertrauen. Die ersten zwei bis drei Nächte war das noch eine recht merkwürdige Erfahrung für mich, aber irgendwann baute ich Vertrauen zu meinem Gastgeber und seinem Kater William auf. Wir führten viele interessante Gespräche und wurden schließlich zu Freunden in dieser Zeit.

JT und ich beim Abendessen im Wohnzimmer.
An dieser Stelle baute ich auch immer mein Bett auf.

Straßenmusik in San Francisco

Irgendwie entwickelte es sich im Laufe der Zeit in die Richtung, dass ich länger bei JT bleiben würde. Am Ende wurden es sogar ganze zwei Wochen. Das lag zum einen daran, dass ich keinen richtigen Plan hatte, wo ich als nächstes hinreisen würde und zum anderen fühlte ich mich recht wohl in den neuen vier Wänden. Obwohl wir zu zweit, beziehungsweise zu dritt auf einem solch kleinen Raum wohnten, funktionierte das Zusammenleben sehr gut. Wir verbrachten immer nur den Abend zusammen, denn tagsüber schaute ich mir die Stadt an und versuchte mit Straßenmusik mein Geld zu verdienen.

Die ersten Tage war ich recht schockiert, wie hoch die Obdachlosigkeit in San Francisco ist. Und damit meine ich nicht nur die Anzahl der Menschen, die auf der Straße leben, sondern das dort vorhandene Level. Mit Deutschland ist das nicht zu vergleichen. Die Menschen dort zelten in Massen auf der Straße und verrichten ihr Geschäft auf Pappkartons mitten auf dem Gehweg. Den Bezirk Tenderloin, den ich am Abend meiner Ankunft durchquert hatte, schaute ich mir nun nochmal am Tag an und lief durch eine Gegend, die geprägt von Drogenabhängigen und verlorenen Seelen war. Für mich als Europäer war das schockierend und ich konnte mir noch nicht so ganz vorstellen, wo ich die Ecken, bekannt aus Film und Fernsehen, in San Francisco finden sollte. Aufgrund der anders aufgebauten Stadtstruktur im Vergleich zu europäischen Städten wurde es zudem sehr schwer für mich, Orte auszukundschaften, an denen ich Musik machen könnte. Es gibt dort einfach keine Fußgängerzonen, wie wir es kennen, sondern nur große Hauptstraßen. Dass in den USA alles größer ist, ist also keine Lüge. Die einzigen Stellen, wo ich Musik machen konnte, wurden bereits von anderen KünstlerInnen bespielt, die eine sehr große Anlage dabeihatten, damit man sie ja nicht überhörte. Da konnte ich mit meinem kleinen, mobilen Verstärker nicht mithalten. Nach einigen Tagen der Suche und nur einem einzigen recht ertragreichen Straßenkonzert beschloss ich, mich auf die Produktion meiner YouTube Videos zu konzentrieren und das Musizieren auf der Straße in San Francisco auf Eis zu legen. Ich machte die typischen Sightseeing-Touren, überquerte zu Fuß die Golden Gate Bridge, lief zum Fisherman's Wharf, schaute mir die Drehorte der Filme „Mrs. Doubtfire" und „Fullhouse" an und wanderte einen Tag durch einen Nationalpark. Die zwei Wochen gingen schnell vorbei und aufgrund keiner Einnahmen in dieser Zeit versuchte ich so wenig Ausgaben wie möglich zu haben. Zum Glück unterstützte JT mich und kaufte immer neue Lebensmittel, die ich auf jeden Fall essen sollte. Er bestand darauf. Bei meiner Abreise schenkte er mir zudem noch 50 Dollar. Bis heute kann ich sehr dankbar sein, dass er meine erste Erfahrung mit Couchsurfing war, und ich entschloss mich dazu, von nun an nur noch auf diese Art durch die USA zu reisen. Nach längerem Hin und Her stand zudem mein grober Reiseplan ebenfalls fest: Erst einmal in Richtung Norden nach Vancouver, um dort ein Konzert der Band „Billy Talent" zu sehen. Von San Francisco waren es allerdings noch schlappe 1500 Kilometer, weswegen ich diese Strecke nicht auf einmal zurücklegen wollte. Außerdem gab es auf dem

Teil dazwischen noch sehr viel zu sehen. Zuerst in die Hauptstadt Kaliforniens. Ab nach Sacramento!

Fotoshooting in Sacramento

Durch meine ständige Suche nach neuen Leuten und verschiedenen Netzwerken versuchte ich Kontakte zu knüpfen und war somit zum Beispiel auch in einer Gruppe auf Facebook aktiv, die Models und FotografInnen verknüpfte. Ich wollte mich als Model vor der Kamera ausprobieren. Auch in diesem Bereich ist jede Erfahrung wertvoll. Ich lernte die Fotografin Daniela kennen, die mit mir ein Fotoshooting in Sacramento machen wollte. Als ich die Hauptstadt von Kalifornien erreichte, holte sie mich sogar an der Bushaltestelle ab und zeigte mir mit ihrem Auto die Innenstadt. Danach parkten wir ihr Auto und erkundeten den Stadtkern zu Fuß. Währenddessen schossen wir überall verschiedene Bilder. Daniela lud mich zum Mittagessen ein und wir tauschten uns über die Kultur und die politische Lage in den USA aus. Für mich war das wieder eine neue Erfahrung und ich hatte ein paar neue Fotos für verschiedene Bewerbungen. Obendrauf noch einen neuen Kontakt aus den USA. Am Ende dieses Tages ging es für mich weiter. Dieses Mal wartete eine sehr lange Fahrt mit dem Zug in Richtung Norden auf mich. Ich wollte nun nach Seattle und das bedeutete zwanzig Stunden AM STÜCK Zug fahren. In meinem Leben war ich niemals mit nur einem Transportmittel an einem Stück so lange unterwegs gewesen. Ich verabschiedete mich von Daniela und stieg in den Langstreckenzug.

Die längste Zugfahrt meines Lebens und Ankunft in Seattle

Wie schlimm konnte so eine lange Fahrt mit dem Zug schon sein? Ich kann euch sagen, es begann bereits mit der Platzsuche. Ich setzte mich in ein Abteil, das scheinbar nur für Gäste mit einem Ticket für die erste Klasse reserviert war. Ich hatte ein normales Ticket gebucht und wurde, kurz nachdem ich mich auf meine vier Buchstaben gesetzt hatte, die Treppe rauf gebeten. Dabei war ich gerade so froh, dass ich meinen großen Rucksack und meine Gitarrentasche gut verstaut hatte. Aber eine Wahl hatte ich sowieso nicht, somit bepackte ich mich wieder mit meinen sieben Sachen und suchte in der ersten Etage nach einem geeigneten Sitz. Genau wie in den Fernreisebussen, musste ich im Fernreisezug „Amtrak“ feststellen, dass hier ebenfalls alle gesellschaftlichen Schichten anwesend waren. Schließlich fand ich einen Platz neben einem recht jungen Amerikaner und verstaute mein Gepäck überall da, wo es nur ging. Von nun an wollte ich die Fahrt eigentlich genießen. Dieser Zeitpunkt war allerdings immer noch nicht der Richtige, denn kurz nach der Abfahrt des Zuges stellte ich merkwürdige Geräusche auf dem Platz hinter mir fest. Ich drehte mich um und sah einen völlig fertigen Fahrgast quer auf den zwei Sitzen liegen, der immer wieder würgte. Nach ein paar Minuten übergab er sich einfach auf den Boden und schlief danach ein. Das passierte einige Male. Was mich an der Situation am meisten überraschte war die Tatsache, dass sich einfach niemand um diesen Mann kümmerte und es für alle scheinbar normal war, dass dort gerade jemand auf den

Boden kotzt. Ich schaute zu meinem Sitznachbarn rüber und sprach ihn drauf an. Er zuckte nur kurz mit den Schultern und setzte seine Kopfhörer wieder auf. „Hier scheint sich wohl jeder der Nächste zu sein", dachte ich und suchte nach einem Ticketkontrolleur, um diesen zu informieren. Ich wollte zudem nicht unbedingt, dass der Mageninhalt von dem Fahrgast, irgendwann im Laufe der zwanzigstündigen Fahrt, bergab von hinten in meine Schuhe laufen würde. Ich fragte den Kontrolleur, ob es normal wäre, dass man sich hier auf den Boden übergibt und ob sich jemand um den Herrn kümmern könnte. Der Kontrolleur besorgte kurze Zeit später zwei Security-Mitarbeiter aus dem Zug. Diese brachten den Mann zu einem anderen Platz und ich habe ihn die gesamte Fahrt nicht mehr gesehen. Das Erbrochene wurde mit ein paar Papiertüchern so gut es ging weggewischt und dabei, meiner Meinung nach, mit dem Teppichboden eins. Zumindest roch es nicht mehr allzu stark und von nun an durfte ich mein Sitzfleisch die nächsten 20 Stunden trainieren. Der Zug fuhr durch die verschiedensten Landschaften und ich genoss die Aussicht. Wenn ich jetzt zurückdenke und überlege, dass 20 Stunden fast ein ganzer Tag sind, dann verging die Fahrt doch recht schnell. Ab und zu gab es an manchen Stationen einen längeren Halt, damit man ein wenig frische Luft schnappen und sich die Füße vertreten konnte. Die Ansage war vorher jedoch immer deutlich: Wer bei der Weiterfahrt des Zuges nicht pünktlich zurück ist, der hat Pech gehabt. Der Zug fährt pünktlich ab und wartet nicht. Ich persönlich wollte nicht irgendwo im Nirgendwo an der westlichen Küste der USA stranden und verzichtete auf das Verlassen des Zuges.

Durch die unfassbare Distanz dieser Fahrt wurde mir nochmal deutlich vor Augen geführt, dass meine ursprüngliche Idee, (wir erinnern uns: Von Los Angeles bis nach New York innerhalb von drei Monaten per Anhalter reisen) komplett verrückt gewesen war. In meinen Augen ist nichts unmöglich und nach ein paar Recherchen im Netz hatte ich tatsächlich einige Abenteurer gefunden, die meine Idee in die Tat umgesetzt hatten, aber für mich fühlte sich dieses Vorhaben mittlerweile nicht mehr richtig an. „Zug und Bus fahren ist hier schon abenteuerreich genug“, dachte ich mir und erreichte nach dieser langen Fahrt mein nächstes Ziel. In Seattle am Bahnhof angekommen empfing mich Matt, mein neuer Couchsurfing-Gastgeber für die nächste Zeit.

Mein Gesicht, wenn hinter mir sich jemand auf den Boden übergibt

Penthouse-Wohnung-Vibes und ein Programmierer

Matt begrüßte mich eher zurückhaltend, aber ich war mittlerweile ziemlich frei von wertenden Gedanken und nahm ihn einfach so, wie er war. Er arbeitete in einer bekannten Firma als Programmierer und wenn man an Klischees glaubt, dann sind Menschen aus diesem Arbeitsfeld sowieso eher ruhigere Zeitgenossen. Als er mir kurze Zeit später seine Wohnung und somit auch meine vier Wände für die nächsten Tage zeigte, fiel ich allerdings vom Glauben ab. Wir betraten erst einmal ein riesiges Hochhaus mit einem Sicherheitsdienst am Eingang und fuhren einen Moment später mit einem edlen Aufzug in die 10. Etage. Mir war direkt klar: Wenn du hier wohnen willst, dann brauchst du ordentlich „Schotter". Seine Wohnung war lichtdurchflutet und offen mit einem perfekten Blick auf die Küste vor Seattle. Er hatte ein separates Schlafzimmer und ich schlief auf der Couch im Wohnzimmer. Nach langer Zeit hatte ich nochmal ein – zumindest fast – eigenes Zimmer. Matt arbeitete manchmal von zuhause aus und manchmal fuhr er ins Büro. Von Anfang an gab er mir einen Schlüssel für seine Wohnung, ohne dass er mich so richtig kennengelernt hatte. Ich muss ehrlich sagen, dass ich immer wieder überrascht war von dem Vertrauen, das mir beim Couchsurfing entgegengebracht wurde. Zurück zu seiner Wohnung, denn Matt zeigte mir alle Vorzüge seines Zuhauses direkt am ersten Abend. Wir fuhren ins Dachgeschoss und von nun an war mir noch mehr bewusst, dass ich die nächsten Tage leben würde, wie ein reicher Geschäftsmann. Und das kostenlos! Ein unglaublicher Ausblick über Seattle begrüßte mich in einer Rooftop Bar, dazu ein Billiard-Tisch, eine gemütliche Couchecke, ein Kamin und eine kostenlose Kaffee-/Kakaomaschine. Im Laufe der Zeit waren Matt und ich hier recht häufig zu Gast, spielten bei einem leckeren Kakao Billiard und genossen die Aussicht. Meine Ankunft zelebrierten wir außerdem ebenfalls direkt am ersten Abend: Matt zeigte mir das Pier 57 von Seattle und wir besuchten eine Bar.

Ein etwas längerer Zwischenstopp

Bei meiner Anfrage hatte ich Matt nur über einen Aufenthalt von maximal drei Nächten informiert. Meine Zeit in Seattle wurde dann schließlich doch deutlich verlängert. Auch wenn es hier nicht so wirklich finanziell mit der Straßenmusik lief, was erneut der viel zu vielen großen Straßen geschuldet war, konnte ich immer mal wieder ein bisschen Geld damit verdienen. Ich spielte am sogenannten „Pier 57", wo es ein Gebäude mit verschiedenen Attraktionen gab und auf dem legendären „Pike Place Market". Dort hat übrigens auch schon Dave Grohl Straßenmusik gemacht. Generell ist Seattle eine von Musik und Kultur sehr stark geprägte Stadt. Das durfte ich im Laufe meiner Zeit dort immer wieder feststellen.
Zudem war ich mit Matt auf einer Wellenlänge, auch wenn ich ihn nie so wirklich durchblickt habe, weil er so zurückhaltend war. Ich hatte wirklich bis zum letzten Tag nicht das Gefühl, dass ich ihn kennen würde. Selbst wenn wir gemeinsam etwas gegessen haben, hat er kaum ein Wort geredet. Also das war meistens so, aber wenn wir gemeinsam am Tisch saßen, ist es mir nochmal mehr aufgefallen. An dieser Stelle

muss ich jedoch sagen, dass es mir immer sehr schwergefallen ist, einfach meinen Mund zu halten. Ich habe das dann einfach versucht, als Lernaufgabe zu sehen und irgendwann ebenfalls nicht mehr gesprochen. Somit schwiegen wir uns an und räumten nach dem Essen sprachlos den Tisch ab. Dann setzten wir uns aufs Sofa, nachdem wir uns in zwei Sätzen auf eine Serie geeinigt hatten, die wir schauen wollten und am Ende schaltete Matt den Fernseher aus und ging ins Bett. Egal, ob ich noch schauen wollte oder nicht. Morgens ging er auch manchmal einfach zur Arbeit, ohne sich zu verabschieden, während ich mit meinem Handy auf der Couch saß. Er machte einfach sein Ding und verhielt sich meistens so, als wäre ich überhaupt nicht anwesend in seinen vier Wänden. Aber wenn er Lust hatte, etwas zu unternehmen, dann so richtig. Wir gingen gemeinsam ein Baseballspiel anschauen, er zeigte mir verschiedene Stadtparks, wir gingen ins „Museum of Popculture", in verschiedene Restaurants oder machten einen Ausflug zum Pike Place Market. Er gab mir das Gefühl, dass ich ihn nicht nerve, aber er fragte auch nie, wie lange ich noch bleiben würde. Ich konnte nie so ganz einschätzen, ob er so langsam nochmal seine Ruhe haben wollte oder meine Anwesenheit genoss. Zumindest blieb ich ganze zehn Tage in Seattle und in seiner luxuriösen Wohnung. Danach ging es für mich ins kanadische Vancouver. Und dieses nächste Ziel war der hauptsächliche Grund, weswegen ich in Richtung Norden von Santa Barbara aus aufgebrochen war. Dort sollte meine Lieblingsband aus Kindheitstagen „Billy Talent" in der kommenden Woche ein Konzert spielen.

SEAUSRISE

Von der kanadischen Polizei festgenommen

Per Anhalter zu reisen, das hatte ich mir mittlerweile komplett aus dem Kopf geschlagen und buchte somit meine nächste Busfahrt. Auf dem Weg von Seattle nach Vancouver lag die Landesgrenze von den USA und Kanada. Es war also klar, dass an der Grenze alle Pässe der Einreisenden kontrolliert werden würden. Ob das Kontrollverfahren der kanadischen Polizei genauso streng aussehen würde wie das der US-amerikanischen Polizei, das musste ich abwarten. Ich hatte vorab versucht, im Netz ein wenig zu recherchieren, jedoch keine richtigen Informationen gefunden. Mittlerweile war ich so entspannt bezüglich all diesen Dingen, sodass ich die gesamte Aktion einfach auf mich zukommen ließ. Wir fuhren also auf die Grenze zu und wurden für die Kontrolle gebeten, aus dem Bus auszusteigen und uns zu einer Art „Checkpoint" zu begeben. Alle MitfahrerInnen aus dem Bus suchten bereits während der Fahrt verschiedene Formulare in ihren Rucksäcken und warteten nicht nur mit ihrem Pass in der Hand haltend darauf, dass sie an der Reihe waren. Ich schaute mich überrascht um und sprach die Person vor mir an. Sie klärte mich darüber auf, dass ich zusätzlich zu meinem Pass ein Formular benötigte, um nach Kanada einzureisen. Trotz meiner bisherigen Gelassenheit wurde ich jetzt doch ein wenig nervös. Scheinbar war ich der einzige Mitfahrer aus meinem Bus, der dieses Formular nicht bereits im Voraus ausgefüllt vorzeigen konnte. Als ich an der Reihe war, klärte ich den Grenzpolizisten über mein fehlendes Formular auf und er gab mir ein leeres Dokument, was ich nun vor seinen

Augen schnell ausfüllen sollte, denn mein Bus und der Fahrer warteten nur ungern. Ich wurde jetzt unter Druck richtig nervös und war mir überhaupt nicht mehr sicher, was ich in das Dokument eintragen sollte, denn die darauf stehenden Fragen gingen ziemlich ins Detail. Hier wurde ich also, statt von einem Grenzpolizisten, wie es bei der Einreise in die USA war, nun von einem vor mir liegenden Dokument ausgefragt. Dadurch, dass der Polizist zusätzlich noch vor mir stand und ganz genau darauf achtete, was ich in die einzelnen Felder eintrug, war ich jetzt komplett verunsichert und zitterte unübersehbar. Verunsichert grinste ich den stämmigen Mann vor mir an und blickte in eine viel zu ernste Miene. „Ja Jan, ich glaube, das ist der Moment, in dem du es verkackt hast“, schoss es mir in den Kopf. Mittlerweile stand auch der Busfahrer zusätzlich hinter mir und wartete genervt. Alle anderen Fahrgäste waren bereits wieder im Bus und wollten weiterfahren. Für mich war ab diesem Moment klar, jetzt gibt es richtig Ärger und eine Sekunde später nahm mir der Polizist das Blatt weg und meinte nur „Kommen Sie mal mit“. Er sprach mit dem Busfahrer und dieser schaute wortlos zu mir rüber, nickte kurz und ging zurück in den Bus ans Steuer. Ich saß auf einem Stuhl mit meinem schweren Rucksack und meiner Reisegitarre in einem kanadischen Grenzkontrollposten, als meine gebuchte Busfahrt vor meinen Augen einfach ohne mich wegfuhr. Eigentlich hätte ich in dieser Situation richtig Angst haben müssen, aber irgendwas in mir sagte mir, dass diese Sache gut ausgehen würde, auch wenn mich in diesem Moment von Knast bis zu Einreiseverbot alles hätte erwarten können. Ich hatte absolut keine Ahnung. Dabei wollte ich doch nur wieder als freiwilliger Helfer ins Land einreisen! Im Wartezimmer sah ich weitere Polizisten, die sich hinter einer Glasfront miteinander austauschten und immer zu mir rüberschauten, als wäre ich ein gesuchter Mann in Kanada. Mittlerweile hatten sie meinen Reisepass und meine anderen Dokumente eingesammelt und nun sollte ich meine aktuelle Reisesituation schildern. Ich erzählte, wo ich in den letzten Wochen so unterwegs gewesen war, was mein Vorhaben auf der gesamten Reise war und dass ich nun nach Vancouver auf ein Konzert von Billy Talent wollte. Von Freiwilligendienst erzählte ich nichts. Trotzdem wollte der Polizist mein Handy haben und schauen, ob ich doch etwas zu verbergen hatte. Ob das überhaupt erlaubt gewesen ist, das weiß ich nicht, aber ich hatte ja sowieso keine Wahl. Mein Handy wurde bestimmt eine halbe Stunde durchsucht und natürlich entdeckte der Polizist unübersehbar die App „Workaway“, welche bei der Organisation von Freiwilligendiensten im Ausland behilflich und weltweit bekannt ist. Er sah ebenfalls, dass ich dort verschiedene Anbieter aus Kanada kontaktiert hatte und in den USA kurz als freiwilliger Helfer gearbeitet hatte. Darüber hatte ich nichts erzählt, aber er hatte mich danach ja auch nicht gefragt. Somit hatte ich keinesfalls gelogen, was schonmal ein Punkt für mich war. Jedoch ist Freiwilligendienst, genau wie in den USA, auch in Kanada nicht gerne gesehen und dadurch wurde ich mit einer ziemlich großen Skepsis zu einem weiteren Interview gebeten. Während meiner unangenehmen Wartezeit hörte ich in einem anderen Wartezimmer eine Frau in meinem Alter telefonieren. Es schien so, als hätte sie ein ähnliches Problem wie ich. Später sollte sie mich noch ein Stück auf meiner Reise begleiten. Nun folgte aber erst mein nächstes Gespräch und das fand mit drei recht jungen Polizisten statt. Sie kannten die Band Billy Talent und waren ebenfalls ziemlich große Fans. Eigentlich wollten sie mich nicht einreisen lassen, weil sie aufgrund der „Beweise" auf meinem Handy davon ausgingen, dass ich in Kanada vielleicht als freiwilliger Helfer irgendwo arbeiten würde und das war, wie gesagt, nicht erlaubt. Das Gespräch wurde nach und nach immer lockerer und wir tauschten uns über die Rockband aus, zudem rechnete der Polizist es mir hoch an, dass ich wenigstens nicht gelogen hatte und das ich einfach ehrlich zu ihm gewesen war. Am Ende des Interviews wurden mir meine Sachen zurückgegeben und ich durfte für sechs Tage nach Kanada einreisen, damit ich das Konzert sehen konnte. Danach musste ich das Land allerdings sofort wieder verlassen. Dafür wurde mir eine Aufenthaltsgenehmigung in die Hand gedrückt, die ich wie ein Krimineller immer bei mir tragen sollte und bei meiner Ausreise musste ich dieses Formular an der jeweiligen Grenzkontrolle abgeben und mit einem Stempel meine Ausreise bestätigen lassen. Aber ich hatte es geschafft! Ich war in Kanada und stand nun ohne Reisebus, fern von jeglicher Zivilisation, an der Landesgrenze. Allein war ich allerdings nicht.

Eine englische Frau und eine kanadische Kneipe

Ein paar Zeilen zuvor hatte ich von einer Frau in meinem Alter erzählt, die ich laut telefonieren hörte. Sie saß kurze Zeit später neben mir auf einer Bank vor der Grenzkontrolle, nachdem wir beide dort gestrandet waren. Dieses Bild hätte ich gerne von außen gesehen. Sie hatte ein ähnliches Problem wie ich und sie wollte auch nach Vancouver. Wir einigten uns darauf, dass wir gemeinsam versuchen unser Ziel zu erreichen. Da an der Grenze erst in fünf Stunden der nächste Reisebus halten würde, wie wir kurz zuvor von einem Polizisten erfahren hatten, wollten wir per Anhalter weiterreisen. Ein paar Meter entfernt von dem Kontrollposten entdeckten wir allerdings eine gemütlich aussehende, kanadische Kneipe und die junge Frau überzeugte mich, dort erstmal ein Bier trinken zu gehen. „Man, die hat ja noch mehr Nerven als ich", dachte ich mir. Wir gingen also in die Kneipe und setzten uns an die Theke. Dort wurde im schönen Holzambiente bereits am Nachmittag mitten unter der Woche ordentlich getrunken. Neben uns saß eine junge Kanadierin und hinter der Theke arbeitete ebenfalls eine junge Frau aus Kanada. Wir vier starteten schnell ein Gespräch, was mir persönlich schon zu schnell ging. Ich merkte, dass meine zurückhaltende Art als Deutscher hier schnell ans Tageslicht kommen wollte. Ich arbeitete dagegen an und startete immer wieder ein neues Gespräch, sodass wir uns alle ganz gut miteinander verstanden. Im Laufe der Zeit stellte sich heraus, dass eine der Kanadierinnen gleich Feierabend haben sollte, nach Vancouver fahren musste und mit dem Auto da war. Es war wieder unglaublich: Für meine neue englische Freundin und mich war das doch die perfekte Lösung. Somit saßen wir ein paar Drinks später zu viert im Auto in Richtung Vancouver und das scheinbare Problem, was ich ein paar Stunden vorher noch hatte, hatte sich zu einem großartigen Erlebnis mit coolen Menschen entwickelt.

Ein Kurztrip nach Vancouver

Am späten Nachmittag erreichte ich schließlich die kanadische Stadt Vancouver und hatte innerhalb der letzten acht Stunden bereits wieder so viel erlebt, dass ich gar nicht mehr auf dem Schirm hatte, wie bescheuert diese Situationen überhaupt waren. Dazu war einfach keine Zeit vorhanden, sodass ich eine halbe Stunde später vor der Tür meines neuen Gastgebers, für die nächste Runde Couchsurfing, stand. Ich hatte mir einen etwas älteren Herren herausgesucht, der aber in der Realität dann nochmal deutlich älter aussah und überhaupt nicht mehr fit zu sein schien. Er begrüßte mich freundlich und dann „schlufften" wir im Schneckentempo gemeinsam in die Küche. Die Wohnung war sehr groß und offen gestaltet. Außerdem gab es eine Empore, wo mein Gastgeber sein Schlafzimmer hatte. Ich schlief unten im Wohnzimmer auf der Couch. Dadurch hatte ich erneut einen Glücksgriff gelandet und fast ein eigenes Zimmer ergattert. John kochte etwas für mich, wobei ich mich nicht so ganz wohl mit der Zubereitung des Essens fühlte. Es war ungefähr so, als wäre ich im Altersheim zu Gast, wo die älteren Damen und Herren die Hygiene ihrer Küche nicht mehr so ganz unter Kontrolle haben. Ich wollte aber nicht unhöflich sein und wollte mir meinen Unmut beim ersten gemeinsamen Abendessen nicht anmerken lassen. John und ich tauschten uns aus und ich erfuhr, dass er Masseur und Meditationslehrer ist. Er hatte zudem bereits einige Meditationsseminare besucht und bei sogenannten „Retreats" teilgenommen. Dabei geht man zum Beispiel in ein Kloster und meditiert ganze 10 Stunden am Tag, ohne dabei zu sprechen. Eine absolut außergewöhnliche Sache. Und John meditierte zusätzlich täglich. Dadurch kam es des Öfteren zu der Situation, dass er während unserer Konversationen plötzlich starr ins Leere an mir vorbei blickte und sich für seine Antwort auf meine Frage mindestens eine Minute Zeit nahm. Ich erstarrte dabei ebenfalls, weil ich Angst hatte, dass der Herr einen plötzlichen Herzinfarkt erlitten hatte und ich nun den Krankenwagen rufen musste. Später sollte ich erfahren, dass er sich jedoch einfach auf seinen Atem konzentrierte und deshalb nicht direkt antwortete. Für mich war das alles merkwürdig und ich war froh, wenn er unterwegs war und ich seine vier Wände allein nutzen durfte. John gab mir ebenfalls einen eigenen Schlüssel zu seiner Wohnung und war ein erfahrener Couchsurfing-Gastgeber. Trotz der für mich ungewöhnlichen und gewöhnungsbedürftigen Verhaltensweisen führten wir beide interessante Gespräche. Abends musste ich immer in mein Kissen grinsen, wenn John zu Bett ging und die Treppe so langsam, meditierend hochstieg, sodass ich eingeschlafen war, bis er in seiner Etage angekommen war.

Kein Konzert und eine große Planänderung

Tagsüber erkundete ich Vancouver und wartete aber eigentlich nur auf den Tag, an dem Billy Talent dort live spielen sollte, denn das war – wir erinnern uns – der Hauptgrund meiner Reise in Richtung Norden von Los Angeles aus. Die

Konzerthalle hatte ich bereits ausfindig gemacht und musste zusätzlich schnell entscheiden, wie es nach Vancouver weitergehen sollte. Ich musste das Land nach dem Konzert am nächsten Tag sofort verlassen, sonst würde ich Probleme mit der kanadischen Polizei bekommen. Ich überlegte mir verschiedene Optionen, telefonierte mit Fiona, meiner Schwester und meinem besten Freund, um ja die richtige Entscheidung zu treffen. Am Ende musste ich mich aber vor allem wohl mit meinem Plan fühlen. Zum Schluss wollte ich nur noch zwischen zwei Plänen entscheiden: Entweder ich würde nach Miami fliegen und von dort aus bis nach New York über Land und entlang der ostamerikanischen Küste reisen, oder direkt nach New York City fliegen. Das Geld war mittlerweile zudem sehr knapp geworden und ich musste genau kalkulieren, was realistisch wäre. Egal für welchen Flug ich mich entschied, danach hatte ich nur noch ein sehr kleines Budget für meine Reise. Mittlerweile war ich zudem so ausgelaugt von dieser Reise, sodass ich mir ehrlich gesagt nicht mehr wirklich zutraute, ohne das nötige Budget von Miami nach New York zu reisen. Und nach den drei Monaten musste ich in New York sein, da mein Rückflug von dort nach Deutschland ging. Schlussendlich entschied ich mich für die schlichtweg einfachere Option und buchte einen Flug nach New York mit einem Mal Umsteigen in Seattle. Meine zukünftige Planung war erst einmal klar vor meinen Augen und nun wartete ich auf das lang ersehnte Konzert.

Während ich kleinere Sightseeing-Pausen in verschiedenen Cafés einlegte, checkte ich ab und zu Facebook, damit ich so weit weg von zuhause nicht komplett von meinem sozialen

Umfeld abgeschnitten war. Plötzlich sprang mir eine schwarz-weiße Eilmeldung ins Gesicht. Darüber stand „Billy Talent“ und darin erreichte mich die überaus enttäuschende Botschaft: „Es tut uns sehr leid, aber wir müssen das Konzert in Vancouver absagen, da einer unserer Bandmitglieder an Corona erkrankt ist“. Nicht, dass ich nur seit Jahren bereits versuchte diese Band einmal live zu sehen. Nein, zusätzlich ergab es nun überhaupt keinen Sinn mehr, warum ich diese Route für meine Reise ausgewählt hatte und die Aktion an der kanadischen Grenze über mich ergehen lassen hatte. In dem Moment musste ich allerdings nur noch lachen, denn schocken konnte mich ehrlich gesagt nicht mehr viel und nach ein paar Minuten der negativen Gefühle, schaute ich mit einem lachenden Auge auf die letzten Wochen. Ich hatte so viel erlebt und so viele Menschen kennengelernt, sodass ich mich nun nur noch auf das wahrscheinliche größte Highlight dieser Reise freute: Meine Reise nach New York City.

Völlig fertig an die ostamerikanische Küste

Mein kanadischer Couchsurfing-Gastgeber John wünschte mir Glück auf meiner weiteren Reise. Ich hatte ihm ebenfalls von meinen Erlebnissen der letzten Wochen erzählt und Glück konnte ich weiterhin wahrscheinlich sehr gut gebrauchen. Wir verabschiedeten uns und für mich begann wieder das „große Zittern“, weil ich in die USA von Kanada aus einreisen wollte und ich erneut mit Komplikationen bezüglich der Grenzkontrolle rechnete. Angekommen am Flughafen in Vancouver benötigte ich wieder einmal einen negativen

Corona-Test für meine Einreise in die USA und zudem musste ich mich sozusagen „ausstempeln". Denn, ich durfte ja nur wenige Tage in Kanada sein und musste der Behörde Bescheid geben, dass ich das Land nun verlassen würde. Wie bereits in den Kapiteln zuvor erwähnt, fühlte ich mich wie ein großer Verbrecher. Gestresst und verunsichert lief ich zum Gate und hoffte auf eine problemlose Kontrolle. Tatsächlich interessierte es dieses Mal einfach niemanden, was ich in den USA machen werde und ich musste nur ganz kurz meinen Pass vorzeigen und durfte danach sofort ins Flugzeug in Richtung Seattle einsteigen. Den Weg, den ich ein paar Tage zuvor mit dem Fernbus hinter mich gebracht hatte, bewältigte ich nun in der Luft. Der Grund dafür: Es gab keinen günstigen Direktflug von Vancouver nach New York. Zwei Stunden nach meinem Abflug spürte ich wieder den Boden unter meinen Füßen und stieg nun sofort in meinen Anschlussflug nach New York City. Die gesamte Aktion war erneut ziemlich stressig, da ich zwischenzeitlich nicht sicher war, ob mein Gepäck richtig umgeladen wurde. Darüber hatte mich nämlich niemand aufgeklärt und wenn ich meinen Rucksack nun noch verloren hätte, hätte ich wirklich nichts mehr bei mir gehabt. Noch nicht mal eine Unterhose zum Wechseln! Einige Stunden später durfte ich am John F. Kennedy Airport in New York City meinen Rucksack vom Transportband heben und atmete erst einmal laut aus. Ich war dermaßen geschafft nach diesem erneut aufregenden Transfer und wollte etwas frühstücken. Diejenigen, die mich kurz zuvor vor den Preisen in New York gewarnt hatten, die hatten keineswegs übertrieben. Für ein Croissant am Flughafen zahlte ich schlappe sieben Euro, aber ich musste nach so einer langen Reise unbedingt etwas essen und trinken, also kaufte ich in einem Zug noch ein Wasser für fünf Euro dazu. Mein Frühstück war ein echter „Schnapper“ und ich genoss es auf ostamerikanischem Boden. Und das meine ich wortwörtlich, denn im Flughafen gab es keine einzige Sitzgelegenheit und alle setzten sich für eine Pause auf den Fußboden. Da saß ich also mit meinem Rucksack, meiner Gitarre und einem 12 Euro teuren Frühstück und wollte eigentlich nur noch schlafen und duschen. Privatsphäre war aber auch dieses Mal nicht angesagt, da ich mir wieder einmal eine Unterkunft bei einem Couchsurfing-Gastgeber herausgesucht hatte.

Couchsurfing in Manhattan

Angst. Ich hatte einfach nur Angst vom Flughafen, der etwas außerhalb von New York gelegen war, nun in Richtung Innenstadt mit der Bahn zu fahren. Mein Energielevel war so niedrig und ich dachte, dass mich so eine Stadt wie New York City jetzt völlig umhauen würde. Langsam und mit den letzten Energiereserven versuchte ich mich, meinem nächsten Ziel zu öffnen und stieg in die Bahn in Richtung Stadtkern. Manhattan war mein Stadtbezirk und Chelsea der Stadtteil, wo ich hinmusste. Am Horizont erschienen langsam die Wolkenkratzer und je näher ich der Stadt, die nie schläft, kam, umso mehr stieg mein Energielevel. Von Anfang an hatte mich New York verzaubert. Überall sah es aus wie in einer Filmkulisse und obwohl es so laut und unruhig war, spürte ich in mir eine große Ruhe aufkommen. Dieses Spektakel, was hier an jeder Ecke stattfand, schien mich zu beruhigen und mich in Einklang mit der Stadt zu bringen. Mit der Metro und verschiedenen Buslinien fuhr ich entlang der endlosen Straßen und wusste nicht, wo ich zuerst hinschauen sollte. Dazu schien noch die Sonne und ich fühlte mich so, als ob ich schon sehr oft hier gewesen wäre. Meine Angst war weg und wandelte sich um in Vorfreude auf die nächsten Tage. Kenny war mein nächster Gastgeber und wohnte mit seiner Katze Sophia in einem kleinen Appartement inmitten des Stadtteils Chelsea. Er begrüßte mich unglaublich herzlich und von nun an teilte ich mit ihm seine kleine Wohnung und schlief direkt neben seinem Bett auf der Couch. Das war mit Abstand der kleinste Raum, den ich in den letzten Wochen zum Schlafen mit jemandem geteilt hatte, den ich erst seit ein paar Stunden kannte. Doch Kenny war sehr rücksichtsvoll und nachdem ich ihm von meinem Transfer der letzten Stunden erzählt hatte, verließ er erst einmal das Appartement, damit ich in Ruhe ankommen, mich duschen und ein wenig auf der Couch schlafen konnte. Am Abend sollte nämlich bereits das nächste große Event auf mich warten.

THROWBACK
TAGEBUCHEINTRAG – 08.05.2022

Völlig fertig komme ich am Flughafen an. Ich hab' überhaupt keine Lust, mir New York anzuschauen. Irgendwann raffe ich mich auf. Fahre in die Stadt und stelle bei meinem Couchsurfer fest, wie schön New York ist. Diese Stadt haut mich komplett aus den schluffen. Ich dachte, ich bin nicht mehr zu begeistern für Städte, weil alles immer gleich ist, aber das hier übertrifft alles. Alles ist inspirierend und glänzend, man sieht einfach mal Stars auf der Straße und die Menschen sehen alle toll aus. Ich komme überhaupt nicht klar bei den ganzen Eindrücken und komme aus dem Staunen nicht raus. Das Musical am Broadway bringt mich dazu, wieder Lust auf die Schauspielerei zu haben und daran zu arbeiten. Das extreme Reisen reicht mir.

Nach ein paar Stunden New York könnte ich mir in einer so aufregenden Stadt vorstellen, zu leben. Aber erst einmal schauen, wie die kommenden Tage so werden. Ich freue mich drauf!

Musical am Broadway und erster Abend in der Stadt, die nie schläft

Zur Feier des Tages lud Kenny mich am Abend zu einem Musical am Broadway und zum Pizzaessen ein. Er hatte die Karten für die Vorstellung gewonnen und dachte, dass es für mich mit Sicherheit ein schönes Erlebnis wäre. Ich freute mich riesig, weil mir bewusst war, wie viele Menschen ihr Leben lang davon träumen, mal ein Musical in New York City am Broadway zu sehen. Und für mich sollte es bald schon so weit sein. Es war genauso, wie ich es mir vorgestellt hatte. Ich konnte zwar nicht alles verstehen, weil der Akzent der DarstellerInnen teilweise wirklich stark war und sehr schnell gesprochen wurde. Die Show war trotzdem atemberaubend und nach der Vorstellung stieg einfach mal Pamela Anderson direkt vor dem Eingang in eine Limousine. Überall waren Fotografen und es war alles genau, wie ich mir New York City immer vorgestellt hatte. Nach der Vorstellung gingen Kenny und ich noch zum Times Square und Kenny verriet mir, dass die New Yorker diesen Ort hassen, weil er immer überfüllt mit Touristen ist und er dort eigentlich nur hingeht, wenn er Besuch hat. Mir stockte erneut der Atem, als ich die vielen Leuchtreklamen und die großen Gebäude sah und überall der Song „Empire State of Mind“ lief. „Hier kann es doch niemals langweilig werden“, dachte ich und verliebte mich an nur einem Abend in den „Big Apple“.

Times Square in New York City

Ein feucht fröhliches „Housesitting“

Kenny und sein Zuhause lernte ich in einer sehr kurzen Zeit ziemlich gut kennen. Mir war klar, dass ich bei ihm nicht so lange bleiben konnte wie bei meinen letzten Gastgebern, denn seine Wohnung war wirklich sehr, sehr klein. Ich suchte somit bereits nach neuen Unterkünften für die nächsten Tage, da ich im besten Fall noch über einen Monat in New York verbringen wollte, denn dann ging erst mein Rückflug von dort nach Deutschland. Bevor ich meine Unterkunft jedoch wechseln sollte, fragte mein aktueller Gastgeber mich, ob ich nicht für eine Nacht auf seine Katze aufpassen könnte. Er wollte verreisen und dementsprechend benötigte er jemanden, der sich um sein Haustier kümmerte. „Jackpot!“, dachte ich mir nur und nahm sein Angebot an. Das „Housesitting-Game“ war gestartet. Ein paar Stunden später durfte ich Kennys vier Wände nur für mich allein nutzen, fütterte seine Katze und gab ihr ihre gewünschte Aufmerksamkeit. Am Abend nutzte ich das gute Wetter ein wenig aus und ging für einen kurzen Spaziergang nach draußen. Kenny hatte mir gesagt, dass ich nicht die gesamte Zeit bei seiner Katze bleiben musste. Ohne darüber nachzudenken, begab ich mich auf meinen Spaziergang und saugte die abendliche Stimmung mitten in New York komplett in mich ein. Als ich nach ungefähr zwei Stunden mit dem Haustürschlüssel die Tür aufschloss, war ich ziemlich geschafft und es war bereits dunkel. Ich kannte mich noch nicht so gut aus in der Wohnung und fand den Lichtschalter vorerst nicht. Sophia hörte ich miauen, schloss die Wohnungstür hinter mir zu und tastete mich langsam im Dunkeln voran. Plötzlich stand ich barfuß in einer kleinen Pfütze und dachte mir nur, dass ich da bestimmt eben ein bisschen Wasser verschüttet hatte, als ich meine Wasserflasche auffüllen wollte. Ein paar Meter weiter: „Zack!“ Schon wieder eine Pfütze.

„Moment Mal….“

Einen Augenblick später fand ich endlich den Lichtschalter und schaute gespannt nach unten. Das war kein Wasser, was meine Füße kurz zuvor erspürt hatten. Sophia schaute mich mit großen Augen an und ich stand mitten in einer großen Lache aus Erbrochenem.

„Na super.“

Sophia war ihr Abendessen anscheinend nicht gut bekommen oder sie hatte protestiert, weil ich sie allein gelassen hatte. Laut Kenny war sie das aber gewöhnt. Ich rief ihn an und klärte ihn über die Situation auf, worauf er völlig entspannt reagierte und mir sagte, dass sie das öfters machen würde. „Aber warum ausgerechnet in der einen Nacht, wo ich hier übernachte“, dachte ich mir, während ich den Boden trockenwischte und die letzten Reste Katzenfutter zwischen meinen Zehen entfernte. Der Rest dieser kostenlosen Übernachtung verlief dann jedoch sehr entspannt und Sophia und ich verbrachten einen lockeren Abend mit Filmen und Serien.

Couchsurfing wird nie langweilig

Und das war die letzte Nacht bei meinem ersten Couchsurfing-Gastgeber in New York. Ich hatte, wie bereits zuvor erwähnt, mittlerweile einige andere Hosts kontaktiert, aber die Suche stellte sich als äußerst schwierig heraus. Es gab nur fragwürdige Angebote, wobei ich nie so ein wirklich gutes Gefühl hatte, und mir lief die Zeit immer schneller davon,

ohne dass ich eine passende Unterkunft finden konnte. Zwei Mal sollte ich allerdings noch Glück haben.
Bei meiner ersten gefundenen Unterkunft wurde es nochmal richtig herausfordernd: Ein Nudist, gebürtig aus Bolivien, hatte mir eine Zusage gegeben. NudistInnen sind übrigens die Menschen, die Zuhause gerne nackt herumlaufen. Am Nachmittag stand ich mit Sack und Pack vor seiner Haustür im Stadtteil Queens. Einen kurzen Moment später begrüßte George mich und wir gingen in seine vier Wände. Er ging ziemlich offen mit dem Thema Nudismus um und zog sich erstmal sofort aus, nachdem ich die Haustür geschlossen hatte.
„Okay“, dachte ich und wollte die Wohnung rückwärts gehend und unauffällig wieder verlassen. Er war jedoch ein super entspannter Mensch, der mir sofort erklärte, dass ich nicht mitmachen muss, er aber immer nackt zuhause rumläuft und es ihm egal ist, ob jemand da ist oder nicht. Das war für mich als Junge vom Land jetzt auf jeden Fall „Next-Level“ – Offenheit. Ich mein, wie krass kann man sein. Aber, wenn man mal ehrlich ist: Früher sind die Menschen alle nackt rumgelaufen. Erst im Laufe der Zeit hat sich Kleidung so etabliert und wir haben immer mehr Hemmungen bekommen, uns nackt vor fremden Menschen zu zeigen. „Respekt an meinen neuen Gastgeber!“, schoss in meinen Kopf und eine Sekunde später stand ich ebenfalls nackt in seiner Bude. Im Laufe der Zeit wurde das Nacktsein komplett normal und wir kochten nackt, schauten nackt Fernsehen und saßen nackt am Essenstisch. Irgendwann fragte er mich, ob ich nicht seine Haare färben könnte und dann stand ich einen Moment später nackt

im Bad bei einem New Yorker im Stadtteil Queens und färbte ihm die Haare. Warum auch immer.
„Wie konnte es eigentlich zu dieser Situation kommen?“, dachte ich.
Zumindest war das wieder eine neue Erfahrung für mich, mit einem komplett fremden Menschen nackt zusammen zu leben. Als ob es nicht gereicht hätte, ANGEZOGEN mit fremden Menschen zusammenzuleben. Doch es sollte noch etwas völlig Neues auf mich warten. Nachdem ich nach zwei Nächten bei meinem Gastgeber in Queens ausgezogen war und für die weitere Suche nach einer Unterkunft mir erstmal ein Hotel für eine Nacht mieten musste (denn nach so einer Erfahrung ohne jeglichen privaten Rückzug brauchte ich Zeit für mich), fand ich mich in New Jersey wieder. Und dieses Mal war ich nochmal mehr überfordert mit der Situation, die ich dort antraf: Die Gastgeberin selbst war überhaupt nicht anwesend, sondern reiste gerade selbst um die Welt. Anstatt, dass ihre Wohnung in diesem Zeitraum leer stand, bot sie ihr Zuhause anderen Reisenden an, die auf der Suche nach einer Unterkunft waren. Das sprengte den Rahmen meiner Vorstellungskraft. Ich mein, die Gastgeberin selbst nahm nur per Textnachricht Kontakt mit mir auf und gab mir kurze Zeit später den Code für ihre Wohnungstür. Eine Stunde später stand ich in ihrem Flur. Ich war jedoch nicht allein dort: Zwei polnische Jungs reisten gerade um die Welt und hatten ebenfalls ein Zimmer in der großen Wohnung ergattern können. Auch die beiden hatten nur mit der Gastgeberin geschrieben und waren einen Tag zuvor in ihre Wohnung gezogen. Es war unglaublich, welches Vertrauen diese Person in die

Menschheit legte und nach über 100 Gästen hatte sie laut der Bewertungen scheinbar nur positive Erfahrungen gemacht. Mir sollte es recht sein, denn von nun an hatte ich ein eigenes Zimmer mit Blick auf die New Yorker Skyline, wenn auch nur für eine Nacht. Meine Suche nach zukünftigen Unterkünften ging weiter. Es war unvorstellbar anstrengend, täglich oder jeden zweiten bis dritten Tag nach einer neuen Unterkunft zu suchen, ohne zu wissen, ob ich überhaupt irgendwas finden würde. Ein Hotelzimmer auf Dauer zu mieten war viel zu teuer und somit schrieb ich jeden Tag über 15 Menschen auf Couchsurfing an. Zwischendurch erkundete ich die Stadt.

Brooklyn Bridge und Blick von New Jersey

Straßenmusik im Central Park

Das mit dem Geldverdienen und der Straßenmusik hatte sich während der gesamten USA-Reise als sehr schwierig herausgestellt, aber so ganz hatte ich es noch nicht aufgegeben. Außerdem wollte ich später von mir behaupten können, dass ich schonmal im Central Park in New York City Straßenmusik gemacht hatte. Somit stellte ich mich einmal rein akustisch ein paar Meter vor den Eingang vom Central Park Zoo und einmal verstärkt mitten in den Park. Viele MusikerInnen waren dort unterwegs und bei gutem Wetter hörte man überall Instrumente und die verschiedensten Stimmen. Ein Park voller Kunst und Kultur. Ich traf einen Mann dort, der schon seit Jahren täglich im Central Park seinen Gesang präsentierte. Er erzählte mir, dass es unfassbar viele StraßenmusikerInnen an diesem Ort gibt und er bereits seit Jahren an immer der gleichen Stelle singt. Und das merkte man, denn die Leute kannten ihn und begrüßten ihn freundlich. Er schien schon fast zum Park zu gehören. Ich musste allerdings schmerzlich feststellen, dass, wenn einen niemand kennt, man überhaupt keine Aufmerksamkeit bekommt. Ein paar Touristen warfen mir ein paar Dollar in meinen Koffer, aber die Einheimischen liefen an mir vorbei, als wäre ich nicht da. Einmal dachte ich sogar, dass mein Verstärker kaputt sei, obwohl ich ihn voll aufgedreht hatte. Und trotz voller Funktionsfähigkeit: Keine Reaktion der Parkgäste. Ich war nach den vielen Wochen des extremen Reisens zu müde, um mir etwas Außergewöhnliches auszudenken und nach einer Lösung zu suchen. Ich packte meine Gitarre wieder ein und überlegte, ob ich mich wirklich noch weitere drei Wochen, ohne ein wirkliches Budget durch eine Stadt wie New York City von Unterkunft zu Unterkunft schleppen wollte.

Das Herz voll, der Kopf leer und der Körper am Ende

Nachdem ich mit mehreren Freunden, Fiona (ja, zu ihr hatte ich die gesamte USA-Reise den Kontakt gehalten) und meiner Schwester gesprochen hatte und diese mir mitteilte, dass es die Möglichkeit geben würde, den Flug von New York nach Berlin einen Monat nach vorne zu buchen, entschied ich mich für diese Option. Ich hatte wirklich alles ausprobiert, damit ich noch einen weiteren Monat in New York hätte bleiben können, aber war mit meinen physischen Kräften am Ende. Wenn ich am Morgen aufstand und selbst nach einem guten

Frühstück den schweren Rucksack auf meinen Rücken packte, zitterten meine Arme und ich musste einmal tief durchatmen. Die psychische Belastung der letzten Monate schien sich langsam auf meinen Körper auszuwirken und trotz der vielen, schönen Abenteuer war diese Reise auch sehr anstrengend. Und wem wollte ich denn eigentlich was beweisen? Wollte ich mir selbst beweisen, dass ich drei Monate ohne richtigen Plan durch ein gigantisches Land wie die United States of America reisen konnte? Wonach suchte ich? Lief ich vor irgendwas davon? Ich wusste es ehrlich gesagt nicht, aber mir war von nun an klar, dass dieser Weg hier nicht mehr in die richtige Richtung führte. Die innere Unruhe war immer noch da, aber jetzt deutlich leiser und mein Herz sehnte sich nach einem bekannten Umfeld. Nach meiner Familie, meinen Freunden und nach Fiona. Ich freute mich nach langer Zeit nochmal darauf heimzukehren.
Für die letzten Tage meines Aufenthaltes in New York buchte ich mir ziemlich weit außerhalb vom Stadtkern eine günstige Unterkunft, um dort abschließend herunterzufahren, diese intensive Zeit zu reflektieren und mich langsam mental auf meine Heimreise vorzubereiten. Wie es in Deutschland genau weitergehen sollte, das wusste ich nicht. Ich wusste nur, dass ich mit Fiona zusammen nach Köln für einen Monat ziehen würde, um dort zu schauen, wie das zukünftige Leben so aussehen könnte. War das nicht erstmal schon genug Plan?

THROWBACK
TAGEBUCHEINTRAG - ABREISE USA

Ich bleibe offen, aber zwischen den ganzen Schlafplatzwechseln fehlt mir die Energie für viel Action. Mit Gepäck neuen Schlafplatz finden, essen, Musik machen, an Events teilnehmen und Leute kennenlernen + Sightseeing und Social-Media-Kanäle füttern. Alles geht nicht und diese Reise geht langsam an meine physische Gesundheit. Ich kann nicht mehr und nach langem Hin und Her und vielen Couchsurfer Nachrichten, Job Bewerbungen, Straßenmusik-Versuchen entschließe ich mich aufgrund zu wenig Energie und keiner Lust mehr dazu, nach 7 Wochen aus den USA abzudampfen. New York, ich liebe dich und ich komme wieder!

Ich bin aber nicht traurig oder fühle mich so, als hätte ich irgendwas nicht geschafft oder aufgegeben oder sonst was. Ich habe alles gemacht und bin meiner Reisephilosophie nachgegangen. Ich habe die Kultur hier von den verschiedensten Seiten kennengelernt, habe Menschen kennengelernt, mir viel in den Städten angeschaut, was auch mein Ziel war und besonders viele Erkenntnisse in mir drin gewonnen. Dafür musste ich erstmal mehrere tausend Kilometer von Europa und meiner Heimat entfernt sein. Diese Reise hat mir viel gezeigt und ich bin stolz auf mich, dass ich wieder meine Sache durchgezogen habe, aber es macht mir hier keinen Spaß mehr und ich habe weitere Pläne. Danke für alles wie es gelaufen ist und alles hat einen Sinn. Trust in life, be open, alles wird dann seinen Weg gehen, wenn du in

Bewegung bleibst. Ich bin genau richtig, wo ich gerade bin. ❤️

♦ Mai – Dezember 2022: Ankommen ♦

-

Wo sind meine vier Wände?

Als mein Flugzeug Ende Mai 2022 auf europäischem Boden in Berlin landete, fiel eine sehr große Last von meinen Schultern. Fast mit Tränen in den Augen lief ich, nachdem ich meinen Rucksack vom Band gehoben hatte, zur nächsten Bäckerei und kaufte mir eine leckere Laugenbrezel. Ich sag's euch ganz ehrlich: Es geht wirklich nichts über die Qualität der Backwaren hier in Deutschland. Und selbst die so nüchterne und manchmal fast schon emotionslose Mentalität der Menschen hier hatte ich vermisst. Ich fühlte mich von nun an wieder sicher und war nach diesen zwei Monaten der Extreme nur noch erleichtert. Zum ersten Mal nach Jahren spürte ich ein Gefühl von Ruhe in mir und dachte mir, dass das Kapitel Reisen mit der USA-Tour nach knapp fünf Jahren jetzt für mich abgeschlossen war. Das war auch zuerst einmal so, aber zwei Jahre später weiß ich, dass ich wohl immer ein Mensch bleiben werde, der das große Abenteuer sucht. 2022 sahen meine Pläne nun aber erstmal so aus, dass ich meinen Van verkaufen und mit Fiona direkt alles gemeinsam ausprobieren wollte. Sie kam zurück aus Norwegen, nachdem sie dort nach zwei Jahren nicht richtig angekommen war, und ich schien nach Jahren der Rastlosigkeit, sesshaft werden zu wollen. Wir wollten direkt zusammenziehen und alles auf eine Karte setzen. Warum auch nicht? Wir hatten keine Zeit zu verlieren und lebten einen Monat gemeinsam zur Zwischenmiete in einer Wohnung in der Kölner Südstadt. Dass ich die

nächste große Stadt von meiner Heimat aus jemals so lieben lernen würde, hatte ich mir niemals vorstellen können. In diesem einen Monat merkte ich jedoch, dass meine Stadt, die ich vielleicht schon bald als mein erstes richtiges Zuhause bezeichnen wollte, nur ein paar Kilometer vor meiner Heimat lag. Tja, manchmal sieht man den Wald vor lauter Bäumen nicht und das Glück liegt eben direkt vor der Nase.
Bevor ich das Glück allerdings ergreifen wollte, hatte ich noch eine Sache in meinem Kopf, die erledigt werden musste. Vorher hätte ich mir niemals eingestehen können, dass Köln DIE Stadt werden könnte. Ich musste noch eine Zeit in der Hauptstadt Deutschlands, in Berlin verbringen und absolvierte dafür einen dreimonatigen Schauspielkurs in dieser turbulenten Metropole. Fiona war zum Glück ebenfalls offen für diese Erfahrung und somit lebten wir noch eine Zeit in Berlin. Dort merkte ich glücklicherweise sehr schnell, dass der Osten Deutschlands gar nichts für mich ist und begann plötzlich, wie aus dem Nichts, Karnevalslieder aus Köln zu hören. Ich weinte in ruhigen Momenten und spürte, dass Berlin nicht der richtige Ort für mich war. Köln hatte mich in seinen Bann mit seiner Herzlichkeit gezogen und nachdem ich nun in allen Städten, die für mich in Deutschland in Frage für ein Zuhause gekommen wären, gelebt hatte, wollte ich zurück in die Stadt mit dem Dom. Fiona war ebenfalls dieser Meinung und somit konnte ich nach Jahren der Unruhe zum ersten Mal den Prozess des Ankommens in einem eigenen Zuhause in einer wunderschönen Wohnung einläuten. „Hey Kölle, du bes e Jeföhl!"

Immer wieder von vorne

Im Dezember 2022 begann ich damit, dieses Buch zu schreiben. Am Ende meiner Reisephase und in dem Moment, als mir klar war, dass ich in Köln zum ersten Mal nach vielen Jahren des Reisens mein eigenes Zuhause aufbauen möchte. Heute, fast 1,5 Jahre später, habe ich ein Zuhause hier gefunden. Zumindest, was das Außen angeht. Was soll das heißen? Ich merke, dass ich in mir drin immer wieder mein Zuhause finden muss. Es gibt immer Themen, die uns alle herumtreiben und weshalb wir vielleicht gar nicht zur Ruhe kommen können. Diese Themen gilt es immer wieder anzugehen. Für meinen Teil suche ich immer nach neuen Herausforderungen und muss aufpassen, dass ich mich selbst nicht verliere auf meinen vielen Wegen. Trotzdem haben mich diese Reisen, die ich hier alle beschrieben habe, ein ganzes Stück näher zu mir selbst gebracht, sowie das Schreiben dieses Buches. Das Leben ist aber ein Lernprozess und man beginnt oftmals immer wieder von vorne. Meine Reise ist also auch nicht vorbei und vielleicht wartet schon ganz bald ein neues Abenteuer auf mich.

♦ *Danke* ♦

Ich möchte mich an dieser Stelle, wie man das in solchen Büchern eben macht, bedanken. Nein, Quatsch. Also ja doch: Ich möchte mich bedanken, aber nicht, weil man das eben so macht. Nein, das hier ist ein ernstgemeintes DANKE. Besonders an die Menschen, die mich schon so lange in meinem turbulenten Leben begleiten. Ich habe mich verändert, so wie wir das alle machen, wenn wir aus unserem gewohnten Umfeld ausbrechen, und dadurch ist mein Kreis von WegbegleiterInnen immer kleiner geworden. Aber, die Menschen, die immer noch da sind, sind meine Herzensmenschen. Ihr wisst, dass ihr gemeint seid.

In diesem Sinne: Bleibt offen für alles, was das Leben euch bringt. Und denkt dabei immer daran:

Das Leben ist ein großer Witz,
man versteht ihn nur nicht immer.